ASSOCIATION MONTESSORI INTERNATIONALE
AMI

国際モンテッソーリ協会(AMI)公認シリーズ……03

Montessori Education

子どもから始まる新しい教育

モンテッソーリ・メソッド確立の原点

マリア・モンテッソーリ
by Maria Montessori

AMI友の会NIPPON …訳・監修
Friends of AMI NIPPON

JN177078

風鳴舎

謝辞

この度、ＡＭＩ友の会ＮＩＰＰＯＮより「子どもから始まる新しい教育」が出版されますことを心から嬉しく思っております。

最近は一四歳で史上最年少の将棋プロとなった藤井聡太四段が、幼い頃モンテッソーリ教育で育ったことが話題にあがっております。今回の「子どもから始まる新しい教育」においても、まさに子どもの発達から大人が学んで、必要な要素を教育の現場に丁寧に準備することが約八〇年前にマリア・モンテッソーリによって書かれています。

国際モンテッソーリ協会（ＡＭＩ）公認シリーズも三巻目となりました。第一巻は「人間の傾向性とモンテッソーリ教育」（二〇一六年六月出版）、そして第二巻は「一九四六年ロンドン講義録」（二〇一六年九月出版）、そして、今回の「子どもから始まる新しい教育」は第三巻目となります。これは、五冊の原書：小冊子（「教育の四段階」「子ども」「教育の再構築」「子どもらしさが持つ二つの側面・適応の意味」「道徳と社会教育」）を併せて一冊にしたものです。

現在モンテッソーリ教育を学んでいらっしゃる方々にはもちろんのこと、教師として、または親として、日々お子様のそばにいらして、彼らが自分自身の力で進もうとする努力を見守りそれを助けていらっしゃる方々にも、大変お役に立つことと存じます。

このお話が始まりましてから、その実現に向かってＡＭＩ友の会ＮＩＰＰＯＮのメンバーがこぞって協力してまいりました。

私も二〇一五年の四月にオランダのＡＭＩ総会に出席いたしまして、その折に、現事務局長のリン・ローレンスさんと、本著の版権をお持ちのモンテッソーリ・ピアソン出版会社の社長でありモンテッソーリ博士のひ孫にあたるアレキサンダー・ヘニー氏が特別な時間を設けて下さり、契約書を交わし、日本での翻訳出版の正式な許可をいただきました。松本愛子さん、松本美浩さん、三浦勢津子さんも同席し、本書に続き次々とＡＭＩが出版しているブックレットが日本語に翻訳されることになったことを喜び合いました。

この度の翻訳・編集、あとがきにあたりましては深津高子さんが協力して下さいました。またお忙しい中、シリーズの開始からずっと、簡潔で印象深い推薦文を表紙の帯に書いてくださっている白梅学園大学学長の汐見稔幸先生にも心からの感謝の言葉をお伝えしたく思います。

「子どもから始まる新しい教育」が、皆さまのモンテッソーリ教育へのご理解の一助となりますことを願っております。

一般社団法人　ＡＭＩ友の会ＮＩＰＰＯＮ代表
東京国際モンテッソーリ教師トレーニングセンター所長
松本静子

目次

第１章

教育の四段階

この文章は一九三八年、エジンバラで開かれたモンテッソーリ大会で、マリア・モンテッソーリ博士が話した講演録である。一部、一九三九年の三月にロンドンで講演されたものも入っている。

監修　マリオ・モンテッソーリ

発達と教育の関係

この私たちの教育法は、成長の異なる時期の子どもたちが見せてくれた事象によって、我々が教えられたことに基づいていています。それぞれの時期を、レベル、または段階[*1]と捉えてよいでしょう。各々の生命の段階には、種々な必要とするものがあり、また異なる徴候[*2]が現れます。これは私ひとりが言っているのではなく、多くの教育者も同様のことを述べています。

子どもは日々、一定のスピードで、同じだけ成長するのではありません。成長の渦中には、まるで昆虫が変容する時のような危機的側面もあります。子どもの変容ぶりは昆虫に比べてそれほど明白ではありませんが、しかしその過程は似ています。もし子どもをガイド[*3]として見据える教育法ならば、その教育者は先入観や偏見によってではなく、子ども自身によって導かれることでしょう。事実、教育を先導するのは子ども自身なのです。

すでに言いましたが、子どもが発達の中でいくつかの段階を通り過ぎること、そして個々の段階には特有なニーズがあることを私は発見しました。各段階の

＊訳注1「段階（plane）」
モンテッソーリは長年の子どもの観察により、人間の発達はまるで季節が変わるように四つの発達段階に分けられると結論づけた。発達の四段階を元に、モンテッソーリは教育環境もこれに応じなければならないと語った。モンテッソーリは、人生には顕著に発達する時期（0～24歳）があること、また、各時期には特徴があり、それを助ける環境が必要であることを発見した。発達の第1段階は0歳から6歳（乳幼児期）、第2段階は6歳から12歳（児童期）、第3段階は12歳から18歳（思春期）、第4段階は18歳から24歳（青年期）に分かれている。モンテッソーリスクールのクラス編成も、また教師の養成コースも発達段階が反映されている。

＊訳注2「徴候（manifestation）」
身心両レベルで子どもに現れる特徴で、前段階には見られなかった行動様式も含む。

特徴があまりにも異なるので、ある心理学者は一つの段階から次へと移行する様子を、「生まれ変わり」、または「再生」*4と呼んだほどです。

この時期は昆虫が、幼虫から成虫へと成長するのに似ています。この二つの段階は全く異なります。個々の段階はある一定期間続き、そこにはそれぞれのニーズや独特の行動様式が見られます。

子どもに関して言えば、教育はこれらの発達段階に準ずるべきです。学校を、保育所、小学校、中等教育、大学と分けるのではなく、教育は、発達段階によって分けるべきで、個々の段階は発達過中の個人に対応していなければなりません。

第一段階の特徴

もう少し詳しくみてみましょう。

子どもの発達の最初の時期は、誕生から六歳くらいです。この段階の子どもは、一日のある部分を家庭で、ある部分を学校で過ごします。教育の段階は両

＊訳注３「ガイド（guide）」
モンテッソーリは教師ということばを使わずガイド、つまり導く人や方向を示す人と表現し、子どもこそ私たち大人を導いてくれる存在だと捉えた。

＊訳注４「再生（rebirth）」
再誕生すること。

方の環境を、考慮しなければなりません。

三歳ごろになると、子どもは何らかの教育施設に入学します。この時期の子どもの類はピンク色で、髪は巻き毛で、優しい子どもだということを皆知っています、彼は愛と保護を必要とする存在です。この時期、大人には特別な教育の知識は要りません。子ども自身の持つ愛らしさも手伝って、子どもは頼めば、直ぐに助けてもらえるでしょう。

しかし子どもたちはこれ以上に、成長しなければならず、それは子どもの生命にとって重要なある必要性を満たすことで発達します。子どもは生物学的観点から言えば、生理学的形成期にいるといえます。私たちの研究によって、それまで観察されなかったことがわかるようになりました。

例えば、子どもは、その人格を高め、人の役に立とうとします。[*5] つまり、三歳以下でも、子どもには社会生活が必要で、ある程度の大人からの自立も必要です。これらは彼らの生活の中で非常に大切な要求です。

以前は理解されていなかったことですが、これは子どもたちが見せてくれたことです。このニーズに沿って、子どもたちの知性や身体の大きさに合わせた環境を整え、そこで彼らは作業し、自立を獲得するのです。もし誰かがここで

＊訳注5「人格を高め、役に立とうとする（valorization）」
語源はvaloreというラテン語で勇敢さや強さを意味する。もともとは物価を安定させるという経済用語だが、モンテッソーリは人格がより高まり、社会性が育つ意味に使った。特に発達の第三段階（十二～十八歳）の特徴としても挙げている。

子どもたちを研究すれば、彼らの作業や活動への渇望は、きわめて重要で不可欠なものだとわかるでしょう。子どもは自分の努力によってのみ、自立することができ、頭に描いたことを達成できるのだと気づくことでしょう。そして徐々に私たち教育者は、単純明快で、しかも重要な真実に気づくことになります。

それは、子どもを助けることを、子ども自身は望んでいないこと。つまり援助することは、子どもの妨害になるということに気づくのです。子どもはこの自由な環境で、干渉されずに自らの判断で行動することを許されなければならないのです。

自由とは何か？

しかしこの言葉を誤解してはいけません。

自由とは何でも好きなことを思うままにやっていいことではありません。これは援助なしに行動ができるということです。

では、特別な環境とは何でしょう？

私たちの学校を訪問する人は、あれは家具付きの家、つまり「子どもたちの家」だと言います。子どもたちはそこで何をするのでしょう？

それは自分の家で、誰でもがすることです。実践的な目的がある活動をします。

例えば床を履いたり、埃を払ったり、服を着ることなどです。子どもの家では、それぞれの子どもは他の子どもとは別の個別活動をしますが、もし誰かに何かアクシデントが起こると、例えばビーズが入っていたカップをこぼしてしまったり、また似たような状況で援助が必要な場合、子どもたちは直ちにやってきて手を差し伸べるのです。

この中に、ある崇高な賢さが見えます。私たち大人にとってこれはとても良い見本です。なぜなら通常、大人は不必要な時に馳せ参じますが、本当に自己犠牲を伴うような助けが必要な時、すぐ動かないのです。でも子どもたちは何度もこのような姿を見せてくれています。

彼らがある活動を選び、それは難し過ぎるだろうと大人が近づいたとき、子どもたちはこの不必要な助けから自分を守ろうとします。これは簡単に理解できるでしょう。なぜなら、子どもは成長するためには、能動的に活動することが必要だからです。せっかく知性が子どもに何ができるかを伝えてくれるのに、もし大人が援助しようとしたならば、子どもの代わりにやってしまうことになります。

不必要な援助

これを、次のような二つの文章にまとめることができます。

まず最初に、実際に子どもが教師に言ったように「一人でできるように手伝って」です。もう一つは、私たちの言葉で、「全ての不必要な援助は、発達の障害物になる」です。

この段階の子どもたちは、本質的に活発です。興味深いのは、彼らが生活の中で活動することによって身体の動きだけでなく、彼らの知性も大きく発達することです。つまり彼らの年齢では到底不可能だと思われていたことも、学習してしまうからです。

彼らを研究すればするほどわかってきたことは、もっと歳上の子どもたちにしか出来ないと思われたことを、幼い年齢で学べるということです。例えば、最初四歳半が文字を書き、五歳で読み、算数は四歳半で学び始めました。

これは驚くべき事実だと思いましたが、しかし実験してみると子どもは書いたり、読んだりするのはもっと早くからでき、五歳ではもう四則計算ができることがわかりました。これで明らかになったことは、活動をする機会が与えられれば、子どもは「もっと歳上の子どもに適している」と思われたことも出来るということです。

このような学術的な事実だけでなく、他の社会的態度にも関係することがあります。通常、人と挨拶するとき、子どもは恥ずかしがったり、反抗的になります。しかしこの自由活動がある環境では、子どもたちは親切で、礼儀正しいのです。言葉がけだけでなく、全ての社会生活で必要な礼儀作法を知りたがったのです。もし誰かが教えてくれるなら、どう挨拶するか、また人の前を通るとき、どうやってその失礼を表現すればよいのか等を、知りたいのです。

服装は彼らの興味の対象でもあります。彼らはまわりにきちんと身だしなみのよい人々がいるのが好きで、また自分たちも身だしなみを整え、自分自身もこぎれいにしておきたいのです。それはなぜわかったかと言うと、私たちは彼らにブラシや、髪の毛の櫛、低い鏡などを与えたからです。環境の美しさも彼らに影響を与えるのです。花を生けることも彼らは好きです。

これら全てが起こるのは、彼らが――あたかも――小さなお家のオーナーのように感じているからです。彼らは落ち着いていて、品位があり、独立心があります。彼らの穏やかさは驚くべき特徴です。初めてそれが現れた時、あまりにも衝撃的だったので、動揺した大人たちは混乱し、自分たちを取り戻すために再度、彼らを観察に行ったほどです。*6

このような新しい条件下では、子どもたちの愛する心はさらに発展するようです。この現象が最初に発見されたイタリアでは、子どもたちがお祈りをする時に、この心の広がりをまず母親たちが見つけました。母親のあとに続いて繰り返したとき、子どもたちは家族全員のために祈ったのです。

母親が祈り終えても、子どもたちはまだ友達や、家のお手伝いさん、彼らの飼っている犬や猫の為に祈り続けました。守られていると感じるために、彼ら自身のためにも祈りました。こうやって今、普及している宗教教育が始まったのです。

自分たちが守られていることを感じることが大切で、ある力――この世界の中で自分たちの気づきを超えた力――が、まるで一人一人の子どもを庇護する守護天使のように働いていることを感じることが大切なのです。

＊訳注6
モンテッソーリはこの予期せぬ子どもの変容ぶりに驚き、彼らを「新しい子ども」や、「現象」と表現した。

幼い子どもたちの生活の中で目撃された事実が、多くの人に地上の天国の表れと言わせ、もしこのパターンをモデルにして作られたとしたなら、大人社会が改善されるだろうと言いました。

大人社会にも良い人がたくさんいます。彼らは、身だしなみを整えたいと願い、気持ちのよい整理整頓された家に住みたいと思っています。社交的で、常に周りの人々の健康やニーズを心に留めています。このような人々は文化的で、穏やかで、活動的です。もし信仰があれば、神の力を大いに信頼することでしょう。彼らは、あの子どものように、自分自身の平和と保護を祈ると同時に、他の人々のためにも祈るでしょう。

たぶん人類の改革はこうやって始まるのでしょう。誰かが、どこかに大人のための美しく、平和的で、静かな環境を構想するでしょう。

しかし、このような生活の形は、六歳より幼い子どもの発達に対応しているものです。私はこの後に続く全ての段階を完全に過ごすために、子どもは人生の第一段階をこのような形で過ごすべきだと信じています。これは人間発達の最終的な到達点ではありません。なぜなら七歳の子どもは完全に変化するからです。このあとに続く発達を、子ども時代の第二期と呼んでいいかも知れません。これに呼応するために、教育も次の段階に進まなければなりません。

第二段階の発達

七歳になると身体面と精神面に変化が現れます。七歳の子どもはそれまでとは異なる精神的な態度を身につけていきます。身体面において、自然は顕著なサインを与えてくれます。まるで真珠のように輝く幼い子どもの乳歯は抜け、代わりに大きく湿しい深い歯根を持った歯が生えてきます。くるくるとカールしていた髪の毛も濃い直毛になり、ぷくぷくと太っていた身体も、痩せてぎこちない身体に変化していきます。愛らしい特徴は、ある鋭さに変わるので、思春期まで続くこの段階は、無作法で粗雑な年齢と呼ばれています。

前にも言いましたように、心理面も変わります。この変化を明確に伝えるために、例を言いましょう。

ある学校で生物の実験をしていました。そこには三歳から九歳までの子どもたちの目の高さに水槽がありました。ある朝、中の魚が全部死んでいました。小さな子どもはこの事実に驚き、登園してきた子どもに走っていき、「魚が死んだよ！」と伝えては、元の仕事の場所に戻りました。歳の大きい子どもたちは水槽のまわりに静かに立ち、「どうして魚は死んだんだろう」と言いました。

「どうして？　どうしてこんな事が起こるの？　どうやってそうなったの？」

彼らの独立心は異なる段階にあり、彼らの向上心も異なる目標があります。あまりにも多くのことを知りたいので、彼らの活動の幅を広げないかぎり、彼らの頭はもう保持することができなくなっています。彼らが哲学者になったとは言いませんが、ちょうど第一段階の子どもが具体物に対して思うように、彼らは抽象的なものに対して関心が高まるのです。

何が良いか、悪いか？

もっと幼い子どもたちは、物事を感覚的に把握するといってもいいでしょう。しかし七歳の子どもは抽象の領域に入り、理由を知りたいのです。興味深いのは、この子どもたちを夢中にさせるものは、生活の中で倫理的な部分です。何が良くて、何が悪いのか？

もし小さい子どもに、あなたは悪い子、または良い子だと言ったら、ただそれを受け入れるでしょう。

一方、七歳は、なぜ自分は悪いのか？　いったい悪いというのはどういうことなのかなどを、知りたいのです。

ある教師が、これに関する例え話をしてくれました。

いつも彼女のところに来て、他の子どもの悪戯を言いつけにくる子がいました。

「これって良いこと？　悪いこと？」

とうとう教師は「告げ口をするのは良くないことだよ」と、伝えました。でも彼は執拗に続け、言いつけに来るのを止めませんでした。

あるときは、その子は良いことを伝えに来て、同じ質問をしたのです。

教師が後でわかったことですが、この子どもは頭の中で、自分の行動規範として、クラスの中で何が良くて、何が悪いのかを知りたかったのです。それがわかったとき、その子どもは言いつけにくるのを止めました。

もう一つ、この時期の特徴は、家庭環境からの離別です。家庭というのは、前の段階で不可欠だったけれども、今の必要性からはもうかけ離れているのです。

幅広い社会とのつながり

また子どもは自分の格好が清潔できちんとしているかどうか、気にしなくなります。好きなことは出かけて行くことです。家庭内にある制限や保護が退屈になってくるのです。この欲求はあまりにも強く、私たちはこの年齢の子どもは、家庭や学校からある部分、離れて生活した方がよいのではと思います。前段階の環境は、小さな家具と美しい調度品が置かれたお家でしたが、彼らにとってもうこの環境は適当ではなく、満足しないのです。

第一段階の自分でやりたいから、他からの援助を拒むという本人の努力は、もう十分ではないのです。彼は異なる、そしてさらに大きな努力をしたいのです。前段階での学校の役割は、家庭での体験を補完させて、完成させてくれる存在でしたが、それももう十分ではありません。彼は何か違う、何かもっとしっかりとした環境で、幅広い社会とのつながりを必要としています。

この時期の子どものニーズに答える社会的な対応のひとつとして、ボーイスカウト活動[*7]があります。もし人々が、もっと適切な環境や、幅広い社会的なつながり、もっと多様な体験、そして家族からの独立を求めていないとすると、

＊訳注7「ボーイスカウト活動」少年のための国際的な組織。一九〇八年、イギリスのベーデン・パウエルによって創設され、団体訓練による少年の心身の訓練、社会性の発達を目的とする。モンテッソーリ博士も発達の第二段階にいる小学生にスカウト活動が適していると話している。

ボーイスカウト活動はいったいなぜあるのでしょう?

この段階では、前段階で必要だった環境モデルはもう要らなくなりますが、もっと完璧なものが必要となります。彼は世界に出て行き、人的そして自然環境の両方で、幅広い出会いをしなければなりません。

直感を要する探求は、子どものさらなる教養の発達のために学校内で取り入れられなければならないと思います。もう学校で教材を子どもに与えるだけでは不十分です。彼は世界に飛び出ていくことを強く要求しています。教材のほかに、学校はガイド*8を提供し、それによって子どもは自分で出かけて行き、自分で教材を見つけられるようにするのです。私たちは学校と教材を提供しましたが、もうそれだけでは足りないのです。彼は現実の世界と、社会を探求したいのです。もうペットのように可愛がられたくなく、今はシンプルな生活と、家族や身のまわりの干渉から独立したいのです。

もしこの段階にいる思春期に向かう男の子が「ぼくね、バックパックを肩にしょって歩けるよ。寝る場所は広野さ」と言ったら、以前のきゃしゃで、デリケートな子どもから変わりつつあることがわかります。

＊訳注8　案内書やガイドブック。

もしこのような変容するという傾向性が満たされ、それに加えて、教養へのガイドがいれば、広大な環境から教養を吸収できるという素晴らしい子どもへの貢献となるでしょう。ですからこの時期の精神的発達は非常に重要なのです。

文化の伝え方

私の経験から、従来の学校で与えている教養は広く拡張しなければならないと確信しています。私たちの小学校で派生した教養は、子どもが見せてくれた感動すべき事実のひとつです。その結果、全ての教養の基礎は、この七歳から思春期に与えられるべきという結論に私たちは至りました。

この教育の段階では、教具を与えるだけでは不十分だと述べましたが、それでもなお、教具は必需品です。ひとつ前の段階では、教具は個々の人格を形成するのに必要でした。

一方、この段階では教具は文化の習得に役立ちます。従来の学校での子どもの反応の無さは、おそらくこれが原因でしょう。なぜなら自助努力によって因果関係を知りたいこの時期の子どもたちに、文化を単純に与えるのは難しいからです。七歳に教えるのがいかに大変か皆よく知っています。

彼らは注意を全く払わないか、またはクラスから逃げ出そうと一生懸命でしょう。

こんなやり方では子どもは受動的な聞き役になってしまい、満足感を得るものが何もありません。

でも教具が与えられると、光景は一変します。子どもは原因、理由、結果を見つけるまで、根気よく仕事をします。

子どもの精神的な努力は、いつも手作業が伴い、それが作業に焦点を当てる働きをします。もし教具によって助けられたら、多くの抽象的な勉強、例えば代数もこの時期に可能です。なぜならこの時期の脳は抽象的に働いているからです。

同じように、多くの中学校で教えられてきた他の教科も小学校に降ろすことができます。私たちの経験では、教具があれば、子どもたちは仕事をします。でなければ、子どもたちは学校から逃げようとするでしょう。

では倫理面はどうでしょう？　善悪が最大の関心事で、何が正しく、何が不公平かに関心があります。彼らは不公平さに対して、厳しい感覚を持っています。

もし大人が、とても幼い子どもに何かを要求し、その子がそれを持っていないとき、必ず七歳が来て、この幼い子どもを守ろうとします。不公平に対する抵抗は一般的で、これは動物に対してまで及びます。たくさんの例が挙げられます。

ある時私は、校庭のヤギと面白い体験をしました。私はヤギが後ろ足で立って、木の葉に届こうとしている姿を見るのが大好きでした。

ある日、私はヤギに草をやっていて、どのくらい高く背伸びができるか、持ち上げていました。そこへ七歳がやってきて、前足を支え、疲れないようにしました。そして私がどれだけ冷淡かを言いました。

ある人は、この発達の第二段階の子どもは、前段階の子どもより、より賞賛すべき特徴を持っていると言うでしょう。

第二段階と同じような特徴を持つ大人もいて、ある人は第一段階の特徴を持つ大人よりも、彼らを好みます。前者はあまり行儀よくなく、身だしなみもよくなく、でも個性があります。彼らには誠実さがあり、不公正があれば知らぬ顔ができず、真剣に学び、長い散歩をして、スポーツには熱狂的に加わります。

確かにこんな大人は、たくさんいるでしょう。立派ですが、心理面では未だ思春期に至っていない子どもの心理を表しています。実はこれより崇高なものがあるのです。

ある高い段階にたどり着いたとき、実はさらなる高い次元の段階が待ち受けていて、それは今いる段階をよりよく生きることで、それが可能となるのです。各段階をフルに生きること、それによって身につけた精通した知識や技術と共に、次の段階に進めるのです。

たぶん、精神分析医も同じような概念を持っていると思います。つまりどの段階もフルに生きていない人間は、またそこに回帰するということです。例えば、母親からの愛が欠乏している若者が、自分より歳上の女性と結婚して満足感を得るようなことです。

発達の第三段階

第三段階は思春期と共に始まり、そこには第三段階用の教育が必要です。ここではこの段階に現れる市民*9としての感情について述べるだけにしたいと思います。

子どもたちは第二段階において、より広大な環境で出会った多様な人々の感情を通り抜け、その中でいかに自然界と人間社会が機能しているか、そして人間社会が機能しているか目撃してきました。さらに一般的に見た人類の、抽象的な社会的感情まで進んできました。

例えば、彼らは貧困層の人々に何かを感じ、それを何らかの行動に表すかもしれません。でも、一般的に彼らは世界の人々の行動を全体的に見て、理解しようとし、それは過去の人々にもさかのぼります。異なる心理がこの時期の子どもの特徴となります。彼は出会った人をどう感じるか、から未だ出会ったこともない人々へと感情を持ち始めます。これは抽象的な愛です。これは見返りなしの愛で、未だ会ったことがない人々、またこれからも会わないであろう多くの人々に向けられているのです。

＊訳注9「市民としての感情(social sentiment)」
モンテッソーリは、この時期の子どもを「社会的新生児」と呼んだ。身体的に新生児だった第一段階とは異なり、社会の一構成員として自分の役割、立場などに目覚めていく時期。

この時期は「天職」、そして「闘志」が現れます。子どもたちは社会に直接貢献したくて、それを認めて欲しいのです。これは今までなかった新しいことですね。

皆が、この段階で気づくのは、子どもたちが歴史に関心が出てくることです。しかし、従来の学校で勉強するような知識の収集ではありません。この段階では、彼らは以前のような知識の収集をしません。彼らは自分たちで調査し、自分たちで体験したいのです。彼らは社会の中で自分の場所に対する見当識[*10]を持ち、社会に役立ちたいのです。

情報を収集するだけの勉強は彼らを学校に拘束するだけで、この段階では与えるべきではありません。

たぶん中学校の失敗の原因は、収集する方法という、この時期の子どもの発達に適切でない方法を使ったからでしょう。もう子どもたちは学校という環境だけに縛られてはなりません。「どうして？」「何故？」を理解できるような広い環境が必要です。また、経済的に依存している家族に近すぎず、彼は社会そのものを「生きたい」のです。彼はさらに遠くに行くべきです。

＊訳注10「見当識（orientation）」
人間の傾向性の一つで、自分が今どこにいるのかを知ろうと位置確認することで、指南力ともいえる。新しい街などで自分の位置や場所、時間を確認することで安心感を得て、さらなる探求ができる。

この段階では、ちょうど第一段階でもそうであったように、肺炎や他の病気にかかりやすくなります。彼は土に触れる作業をし、指導者と共に学びを続けます。

思春期の子どもたちは仕事をし、また同時に仕事に対して報酬をもらうべきだと私は思います。ある人はお金という卑しいものが絡むので、けしからんと言うかもしれません。しかし仕事に対して真剣であれば、自尊感情が生まれ、仕事とは何か?、そして貨幣とは?、と考える機会になります。

自分の果たした努力でお金をもらうことは、その人が何か役に立つことをした証拠であり、そうでなければ貨幣とは、家族が与えてくれるものになり、それによって子どもたちはパラサイト、つまり寄生虫になっていきます。

自己尊重感のある人が、誰かに寄生したいと思うでしょうか?

労働者階級では、今まで、そして今でも、多くの思春期の若者が働いています。それは彼らが働かねばならなかったのかもしれませんが、私は経済的に自立したいという子の年齢の子どもたちの欲求も見てきました。また、稼いだお金にどれほど彼らが感謝しているかも知っています。

ある米国の億万長者の息子が自分で生計を立てようと家出をしました。見つけられたとき、彼はジャズバンドで働いていました。以前、彼は素晴らしい条件の家に住み、車や必要なお金もすべてありました。しかし今の彼は毎週八ドルという生活費を稼ぐことに本当に満足して暮らしています。

何故でしょう？

それは、自分の人格を感じ、それが価値あるものとわかったからです。ジャズバンドを続けたかって？　いいえ。でもこの発達段階で、彼は自分が社会的で、経験に基づいた暮らしの中で、生産性があることを体験したかったのです。

これはひとつの事例ですが、この段階で知ってほしいのは、子どもは自分の関心のある社会的側面での生産性、仕事、体験を通して、文化的な成長を続けなければならないということです。彼は自分を創り、自分が社会のどこにいるか見つけなければなりません、まるで第一段階の子どもたちを「家具付き子ども」と呼んだように、彼らのサイズに合わせた家具があったから、本来の彼らが現れたのです。

私たちはこの段階の子どもたちを、「世界の子どもたち」と呼びます。似ているタイプの大人は、自分のミッション――国際政治や生産やビジネスに没頭する人々です。そのような人は、完璧な人間性あふれるタイプとは言えません。ある人が考えるように、彼らは発達の移行途中の人間で、彼らの特徴はその発達段階のものです。

ある精神的な重責を抱えた人がいたとしましょう。彼は未だ家を愛していて、創造したり生産したり、哲学的な探求が大好きです。私の見解では、彼は未だ成熟した大人ではありません。彼はまだ思春期にいるのです。

発達の第四段階*11

この段階のあとは、従来の大学に似た場所があります。この人は自己選択に基づいた行動が取れ、過去の段階も完璧に進んできた人です。彼はまるで輝く閃光のようで、将来の人間の生活、自分の可能性と責任に向かう扉が開いていることに気づいています。

このような人間の向上心は、単なる個人的利益に制限されません。自分自身は二次的なものになります。彼の傾向性は、人類全体に及んでいます。彼は異

＊訳注11「発達の四段階」18歳から24歳

●乳幼児期（0～6歳）人間として一番大切な「愛着」を学ぶ時期

乳幼児期は人生の中で最もたくさんのことを学ぶ時期。３歳頃を境に前半と後半に分けられる。前半は母語を身につけるように何でも無意識に取捨選択せずに吸収す

なる発達段階を経過し、教育や発達の抱える問題も乗り越えてきました、今、彼は最終段階の課題にたどり着きました。もう文化も教育も、境界線や制限もありません。今、彼は人類全体の文化のどこまで進めるかを決断しなければならない段階にきています。そして彼が何を選ぼうとも、文化は絶えないことに気づくでしょう。また、この段階では、進化する人類と共にいるためには、教育は一生涯を通して続けなければならないことにも気づくでしょう。

自分の力に気づいていて、あらゆる経験と、発達の諸段階を経てきた人々は、人類の必要性に欠かせない存在です。全ての人は、相互理解で結びつくよう希望していますが、これは簡単ではありません。これを達成するためには、我々はもう一歩進み、もう一段高い倫理観と責任感を持たなければなりません。それを修得するには、自分の社会的ミッションに参加し、長い時間をかけた道徳的準備が必要です。これは勉強や科学だけでこのレベルに到達するのではありません。すべての年齢の良さが吸収され、それを超えてきたのです。

この講演会を終えるにあたって、現代に必要なビジョンと、公共に現れる前にいた砂漠のキリストのシンボルをお話したいと思います。

る時期。後半は好きな電車や恐竜の名前を覚えるなど意識的に物事を吸収する時期。この時期に学んだことはその後の人生の基礎となるがとりわけ人生最初の2か月は非常に重要である。「共生期間」といわれるこの時期は、赤ちゃんと母親は互いに信頼することを通して愛着関係を結ぶ。

●児童期（6～12歳）
好奇心旺盛な知りたがりの時期

探求心が旺盛になりその背景まで知りたくなる時期。正義感や倫理観も高まる時期。想像力も豊かになり、過去や未来のこと、実際に経験していないことでも理解できるようになっていく。モンテッソーリはこの時期の子どもを大地に例えて「豊かで肥沃な大地であり、何を植えてもちゃんと育つだろう」と語っている。

●思春期（12～18歳）
心身共に大きく変化する時期

ホルモンの影響で心身の変化が著しい時期。女の子は生理が始まり、男の子はひげが生え始めて声変わりをし、性への関心も芽生える。心理的にも不安定となる時期。

キリストは砂漠で神様に会いませんでした。彼は悪魔に出会ったのです。彼は悪魔に出会い、その誘惑を乗り越えたのでした。これは最後の段階で、教育の第四段階ともいえます。

権力への愛、所有への愛、安易な生活への愛は、乗り越えなければなりません。これは全ての過去の経験を超えなければ不可能です。この離脱は、十分に発達した人だけに現れるのです。相互理解が必要だと言うだけでは十分ではありません。相互理解ができるような人を育てるための条件を整えなければならないのです。

すべての教育段階にいる人間を、忍耐力、自信と共に受け入れなければなりません。彼の前に、学校、文化、宗教、そして世界そのもの全てを置いてあげましょう。彼自身の中で、人間理解への発達ができるように手助けしてあげましょう。単なる言葉だけでなく、教育という労働を通してです。これが平和への準備となります。平和は正義、そして強い人格と、しっかりとした良心がある人間無しには存在できないのです。

内面は強い生命エネルギーが満ちているので本来はじっと机に向かって勉強するには向かない時期ともいえる。

●青年期（18～24歳）
社会へ恩返しをする自立の時期

それまでの発達の段階を尊重されてきていれば、この時期は非常に穏やかに自分らしい青年期を送ることができる時期。コミュニティの中で自分の役割をみつけ社会に貢献できるような自立した若者となるでしょう。

発達の四段階にはそれぞれ異なるニーズがあり、それを親だけではなく子どもに関わるすべての人間が知っておく必要があると理解できる。

MEMO

第 2 章

子ども

過去の過ち

これまで教育者が目指してきた教育の唯一の目的は、生徒を将来の社会生活に備えさせることで、教育者はこれに全力を注いできました。その結果、基本的な教育の目標が大人を見習うことになり、生徒は模倣というマントの下で独自の創造的な精神力は抑圧され、窒息させられてしまったのです。それはむしろ文明化した社会に入れてもらうために不可欠なことだと教えられていました。大人に成長したときにはじめて自然になるような、子どもにとって不自然な社会的体裁にも、完全に同化するよう強制されました。

そのような状況下では、本来の子どもの姿は旧態依然とした学校でも、家族によって施された古いタイプの家庭教育でも、真価を認められませんでした。子どもは単なる「未来の人間」だったのです、彼は「いつか成る人」と見られ、その結果大人に成長するまでは役に立たない存在だったのです。

しかし、子どもには、すべての人と同じように、個々の人格があります。子どもの中には誰からも奪われてはいけない創造的な精神の美しさと品位があり、精神は純粋で繊細であり、それには最大の配慮を必要としています。

小さくてか弱い子どもの身体のみに注意を向けてはいけません。食事を与えたり、洗ったり、服を着せたりすることに献身的に世話をするだけでは十分ではありません。人間は乳幼児でさえパンのみにて生きるのではないからです。物欲は低いレベルにあり、どの年齢においても品位を下げるものです。大人だけでなく子どもを奴隷化することは、劣等感を植え付け、彼らの品位を完全に消す原因となります。

大人のために創られた社会的環境は、子どもには適していません。子どもはそれが理解できないので、そこからは遠ざけられます。私たちの社会では機能できないので、子どもはそこから締め出され、多くの場合子どもにとって監獄になる学校に引き渡されるのです。子どもたちが身体面だけでなく道徳的見地からも苦しむような、古い方法に従う学校に彼らを行かせることの悲惨な結果に、今日、やっと私たちは気づき始めました。これまで学校は、あるべき教育の目指す方向、つまり人格の形成は無視されてきました。

家庭の中でもこの過ちは広がったのです。そこには、子どもの「明日」が大切で、彼は「未来の存在」という偏見が常にあり、「現在」の子どもは、真剣に扱われませんでした。

私が「現在」というと、それはどんな年齢であれ、その精神的なニーズに沿って、十分に生きるために必要なものを指します。近年では、教育に対してもう少し現代的な考えを持つ家庭が配慮し始めたのは、子どもの身体的な生活面でしょう。今世紀、科学者が子どもの生活に何か貢献したとすれば、それは栄養面から見た合理的な食事、衛生的な衣服、そして屋外での生活くらいでしょう。

しかし、人間の子どもの最も大事な必要性が無視されています――、それは子どもの精神や魂が最も必要とするものです。持って生まれた人間性が押さえつけられ、窒息状態です。私たちが気づくのは、彼らが自分を大人から守るために使うエネルギーと、彼らの奮闘する姿だけです。泣きじゃくり、叫び、癇癪を起こし、臆病で、所有欲のある、たわいもない嘘をつく、自己中心的で、破壊的なこれらの防衛の態度を、子どもの基本的な特徴と捉えてしまい、それによって深刻な結果を招く重大な間違いを犯しているのです。

「これは生来のものだ」と思われているこれらの子どもの特徴を取り除くため、私たち大人は最大級の厳しさと、体罰を持って抑え、これを征服するのは我々の神聖な義務であると思っているのです。その結果、子どもの反動は道徳的な問題行動として現われます。頻繁にこの精神的な緊張状態は続き、結果として、この子どもの一生涯この状態が続くこともあります。

発達する時期が、人生で一番重要な段階であることは皆、知っています。身体と健康にとっての栄養失調が致命的であるように、人間の精神にとって心の飢餓と、魂の中毒は致死的なものなのです。

人類の子どもの教育は、私たちの最緊急課題なのです。

治療法

幼な子の世界に立ち入る時細心の注意を払ったり、子どもの心にある感情の微妙な差異を感じようとつとめるのは、私たち大人の良心にかかっています。以前、子ども達と関わるとき、大人はまるで無慈悲な裁判官のような役を自己満足で演じていました。大人と比べると子どもたちには多くの欠陥があるように見え、大人はすべての美徳を体現していると思っていたのです。
これからは、エマーソン[*1]が、イエス・キリストの言葉を解釈して述べたように、大人はもっと控えめな役に喜びを見出さなくてはなりません。

「子どもはいつだって救世主である。堕落した人間の腕の中へやって来て、楽園へ帰るよう訴える」[*2]。

子どもをこのような視点で捉えると、彼らに適切な世話や、ふさわしい世界と環境を創りだすという、緊急を要する絶対的必要性に気づかされることでしょう。これをすることで、我々は人類にとっての良き偉業を成し遂げたことになるでしょう。子どもはその特質のため、大人の住む複雑な世界に住むことができません。明確なのは大人からの絶え間ない監視と、いつまでも続く忠告、大人の支配的な態度などが、子どもの発達を歪め、邪魔するのです。

ですから子どもの精神にある、発達中の健全な力は妨げられ、その結果、できるだけ早くあらゆる物から、あらゆる人から自由になりたいという潜在的な衝動しか子どもには残らないのです。

＊訳注１「エマーソン」
ラルフ・ワルド・エマーソン。Ralph Waldo Emerson（一八〇三～一八八二年）米国の随筆家、詩人。

＊訳注２「エマーソン」
自然論（一八三六年）より。

もう牢獄の看守のような役はやめましょう。監視や教え込むことで子どもを苦しませることをやめ、新たに環境を整える作業を始めましょう。

環境が子どものニーズに答えていればいるほど、教師の活動が減少していくという確信に至らなければなりません。

しかし忘れてはならない、重要な原則があります。それは、子どもに自由を与えるというのは、子どもを好き勝手に放任しておくことではありません。子どもの精神に仕えるという意味は、決して発達渦中の子どもが出会う困難性に対して、受動的で無関心でいることではありません。反対に、我々は子どもの発達を慎重に愛情を持って助けなければなりません。子どもの環境を忍耐強く注意深く準備することだけでも、新しい世界のために、子どもの世界を作るために大きな仕事を成し遂げることになりますが、これは容易なことではありません。

子どもたちの寸法に合った家具が備えられたとき、それは大人にとって同じように子どもたちには大切なもので（大人以上かも知れません。子ども達にとってそれは単に一個の家具なのではなく、発達を手伝う手段だからです）これらによって子どもたちの動きや活動が信じられないほど秩序立つのがわかります。

子どもサイズの小さな家具が置かれる前は、子どもの手足はまるで主人という指揮者が存在せず、走ったり、物にぶつかったり、飛び跳ねたり、そこで衝突したりしていました。

しかし今の彼らの動きは、まるで意識的な意志によって方向づけられているかのようです。もう自分が何をしたいか分かっているので、彼らだけにしておいても大きな危険なくすごせるのです。

彼らの作業への欲求は、食べ物への欲求より強いほどです。

これまで、簡単な理由で知られてこなかったことですが、子どもがやりたいことを表現できる適切な活動の領域がなかったのです。やりたい活動が与えられたとき、大人を困らせていた小さな不満そうな子どもが、喜びにあふれた仕事人に変身するのを目の当たりにするのです。

よく知られたデストロイヤー（破壊者）が、自分の周りにある物の、最も熱心な管理人となるのです。うるさくて乱暴で、動きや行動が破壊的だった子どもが、最も秩序だった精神的な静けさを醸し出す存在となるのです。

もし、子どもの内なる衝動を外部に向けて表現する適切な手段が与えられなければ、自然が子どもに与えた偉大なエネルギーを使うことができないのでしょう。子どもは、全てのエネルギーを投資するに値する活動に直感的な衝動を感じます。なぜならこれは、身体や精神器官の獲得を完成させようと、自然が子どもに働きかけるやり方だからです。

しかし、もしこの衝動を満足にする要素がそこに無ければ、無秩序で騒がしく、エネルギーを目的無く浪費する以外、子どもには一体何ができるのでしょう?

環境の準備ができるかどうかは、子どもの内なる指令に答えるような適切な活動を用意できるかどうかにかかっています。

子どもの家

もう今では、ほとんどの人々が「子どもの家」[*3]をご存知でしょう。子どもの知的発達を促すための子どもサイズの家具やシンプルな物は、すべての文明国

＊**訳注3「子どもの家」**
モンテッソーリ博士が一九〇七年にローマのサン・ロレンツォ地区に初めて開いた二才半~六才までの子どもの環境で、現在もモンテッソーリ教育の2歳半から6歳のクラスは世界中で「子どもの家」(Children's House)と呼ばれている。

で見られるようになりました。テーブルや椅子は小さくて、明るい色に塗られ、軽量なのでぶつかるとそれらは、動いたり、倒れたりすることによって、子どもにより注意深い動きをするよう伝えてくれます。うすい色は汚れや埃を目立たたせ、子どもの不注意やぞんざいさを可視化させてくれます。埃や汚れが目に入りやすいので、小さな石鹸と少量の水で簡単に消すことができます。これが「子どもの家」のやり方なのです。[*4]

どの子どもも自分の一番好きな場所を選び、そこに自分の好みに合ったものを運んできますが、動くときに配慮しなければ、床は軽い家具によって擦られ、未調整の子どもの動きを際立ててくれます。子どもは大人の声でなく、注意深くなるよう語りかける友[*5]に囲まれていて、その声なき声によってより注意深くなり、意識的になり、自分の身体の動きを管理できるようになるのです。

同じ理由で子どもの環境には、ガラスや陶器でできている、美しく壊れやすい小物が置かれています。落として割れてしまった瞬間、今まで子どもに大きな喜びを与えてくれ、部屋に入る度にその目や手を魅了してきた愛らしい小物達は、消えてしまうのです。消えて無くなってしまったのは、持つときに十分に注意を払わなかったので、指の間からすり落ちてしまったからで、もう永遠

＊訳注４　モンテッソーリ教育では、これを「間違いの自己訂正」と呼び、大人に注意されなくても子ども自身で間違いに気づき、訂正できるようなしくみになっている。

＊訳注５「友」
子どもサイズの家具や教具たち。

に戻ってこないのです！

それらは割れて小さな破片となり、生命がなくなり、もう子どもを誘ったり、笑いかけたりしてくれません。子どもにとって、自分のサイズで、自分の精神的発達に見合う小さなお家以外では、決して触らせてもらえない大好きな小物を失う以上の罰が、あるでしょうか？

「動くときは注意を払ってね。あなたが乱暴に動くと、周りの大好きなお友達との永遠のお別れになりますよ。」という声無き声より大きな声が、存在するでしょうか。


子どもにとって大好きな物の喪失が大きな悲しみの起点となることは、我々は今まで目撃してきていてよく知っています。また、割れてしまった美しい磁器の花瓶の前に立ちすくむ、顔を真っ赤にして泣く小さな子どもを見て、慰めに行こうという衝動に駆られない人はいないでしょう。


そしてしばらくして、再びその子どもを見る機会がやってきます。

あの日以来、割れやすい物を運ぶときの彼の顔にあふれる集中力、そして正確にやり遂げようと、動きの一つ一つに指令を与える彼の強い意志が見えるようになります。

環境こそが子ども達をさらに向上させることがお分かりでしょう。なぜなら、どんな間違いであれ、どんな些細な失敗でも子どもの目に明らかになるので、教師が介入する必要が無いのです。

子どもは自分の周りで起こるどんな小さな間違いも見逃さない静かな目撃者となります。子どもはまるで、少しづつ静寂の中で注意してくれたり、小さな失敗を教えてくれたりする「物の声」が聞こえるかのようです。

「気をつけて！　私は、あなたが大好きな小さくて綺麗なテーブルよ。気づかない？　ピカピカ光っていて、ニスが塗られているの。だから私を引っ掻いて傷つけないでね。シミをつけないで。手あかで汚さないでね。」

環境の中にある物の美的側面は、子どもを作業へと誘導してくれます。子どもの努力を倍増させるからです。ですから「子どもの家」のすべての物が魅力的なのはこのような理由からです。

埃を払うダスターは陽気な色で、箒の柄の部分は、ペンキで明るい色合いに塗られ、小さなブラシの数々は、丸い石鹸または長方形の小さな石鹸と同じようにピンクやブルー、黄色と魅力的で、子どもの目に語りかけ、これらを使うように誘いかけます。

これらすべての小物から、声が発せられるのでしょう。「こっちに来て、私に触って！　使ってみて！　私が見えないの？　私は綺麗なピンクと赤のダスターよ。さあ、あっちに行って、テーブルの埃をきれいに拭いてみましょう！」

そしてもう一方からは「ねえ、ここにいるよ、ボクは小さな箒さ。キミの小さな両手で持って、一緒に床をきれいに掃除しよう」

そしてまだ声が聞こえます。「ねえ、そのステキな手の人、ここに来て！　水に手を入れてから石鹸をつかんでみない？」

どこからも明るい色が子どもに呼びかけ、物たちは子どもの役割、子どもの家での存在理由、子どもの本質の一部分になっています。もう教師が「チャールズ、部屋を掃除してね。」「ジョン、手を洗いなさい」と言う必要はありません。

自由を与えられ、靴の履き方や、着脱のように一人で自分の世話ができるようになると、その子どもは喜びや陽気さに溢れ人間の尊さがうつしだされます。

それは人間の尊厳が自己自身の自立（心）の自覚から生まれるからです。

小さな子どもたちが仕事の中で感じる喜びは大きく、大人から見ると過剰と思えるほど熱心に働く姿を見せます。

もし子どもが真鍮でできたドアのハンドルを磨いていたとしましょう。まるで鏡のように光るまで長時間やっています。

単純と思われる作業、例えば埃を払ったり、掃いたりするだけでも、彼らは大仕事をしているように見えるでしょう。

新しい教育の素晴らしい結果

明確なのは、子どもを活動に向かわせるのは単なる目的達成のためではなく、子どもが持つ生来のエネルギーが誰かの役に立つこと[*6]でそうさせるのです。この役に立つという気づきが、子どもの活動を持続させ、継続的に繰り返しをさせるのです。繰り返すという活動は、同時に、子どもを幸せな気持ちにさせ、真の偉業を達成させるのです。

＊訳注6「誰かの役に立つこと（valorization）」
第1章の訳注5を参照。

例えば、ある幼い子どもたちが自分たちで着脱しているとします。ボタンをはめたり、はずしたり、蝶結びをしたり、食卓を完璧に準備したり、食器を洗ったりします。でもこれだけでは満足しないのです。

未だ自分と同じ程度にまで達していない他の子どもたちのために、自分が知っていることを教えるのを見ると、子どものエネルギーはどれだけ豊富にあるかがわかります。ですから自分より幼い子どものボタンをはめている子どもや、靴の紐を手伝っている姿や、誰かがスープをこぼしたら直ぐに床を拭く姿をよく見かけるのです。

他の子ども達が使った食器を洗い、食卓の用意をしているとき、この配膳活動に参加しなかった子どもたちの分まで、その子どもは貢献しているのです。

しかし、子どもはこの仕事を、他人へのサービスや、賞賛を得るためにやっているのではありません。一生懸命に仕事をすることこそが、褒美その物なのです。

私はある時、湯気を出しているスープを前に、悲しそうに座っている小さい女の子を見たことがあります。スープも飲まないで。なぜでしょう？

それは、食卓を準備しようねと誰かと約束したのに、それを忘れ、誰かがしたからです。この失望感はあまりに大きく、身体が欲する食欲も姿を消してしまったほどです。彼女の小さな心は悲しく、その胃袋より大きな声で泣いていたのです。

このようにして、社会の一構成員になろうと、自分以外の人への活動が増えていきます。

子どもにはよく分かっていて、容易に受け入れられる目的があります。子どもはこの目的を知性を使って環境の中で見つけ、自由を与えられた子どもは、それを獲得できるのです。

もちろん子どもの本質、本当の興味はより深いところにあり、子どもは選んだ活動を単に終了するだけの目的でなく、活動への渇望を満足にし、発達の法則によって誘発された飢えを満足にするために活動するのです。

外界から見ると目的はシンプルで明確ですが、活動とは子どもの欲求に深い満足感をもたらすものでなければなりません。

子どもが手を洗うとき、神のみが知るほど何度も洗いますが、それは彼の手が汚れているからではなく、運んで来たり、水を注いだり、石鹸やタオルを使ったりという、子どもの中で進行している補助的な運動機能の発達に必要な動きを可能にするため、内なる衝動が彼に欲求し、それに突き動かされているのです。

継続してこれらの道具を正確に扱うには、いったいどれほどの労力が必要なのでしょう？　部屋を掃く、花瓶の水を替える、家具の移動、絨毯を巻く、食卓を準備する・・・など、これらの活動はすべて、身体の動きを伴う理にかなった活動です。日々の暮らしで、このような家事労働をしなければならない人なら、どのくらい疲労感を感じるか知っていて、その作業を達成するのに必要な運動量も熟知しています。

最近、よく身体訓練の必要性について話されています。私たちが話している運動もこれは無益とも、機械的だとも言えませんが、目的と明確な精神がなければ成り立ちません。幼い子どもが、深い喜びと共にする日常生活の練習は、子どもの家に来る訪問者に心地よい驚きを与えますが、それが大切な要素なのではありません。それらは単なる子どもの活動の始まり、開始の一部を示すだけのものです。

科学者の深い集中が、彼らを世界事情に対して無関心にさせるのは、よく知られた事実です。

ニュートン[*7]は飲食を忘れ、またアルキメデス[*8]は幾何学の計算に深く没頭してしまい、周りで起こっていたシラクサ[*9]での勝利に向けての激しい紛争に気づかず、敵軍を驚かせてしまったという有名な話があります。このような逸話は、集中現象の行き着く場所を示してくれます。

人類に進歩をもたらす偉大な発見は、その科学者の教養や知識によるものではなく、どのくらい集中する能力を持っているか、魅了される作業に没頭できる知性の可能性によります。彼らは自分の家、またはその他の一人になれる場所に隠遁し、もう社会とつながる必要性を感じなくなり、むしろ遠ざかろうとします。

子どもの魂が強く欲する活動領域に出会ったとき、自分の発達に必要な他の物は何かを見せてくれるでしょう。そんなとき子どもは自分の属する人間グループとの関係を再発見し、自分と他者の関係性を調べているのです。

＊訳注7「ニュートン」
Sir Isaac Newton
サー・アイザック・ニュートン（一六四三～一七二七年）イギリスの自然哲学者、数学者、万有引力の法則の発見者。

＊訳注8「アルキメデス」
Archimedes
（紀元前二八七年?～二一二年）
古代ギリシャの数学者、物理学者。アルキメデスの原理やてこなどを発見した。

＊訳注9「シラクサ」
Syracuse
紀元前八世紀にコリントス人によって建てられた古代ギリシャの都市。現在のイタリアのシチリア島南東部の港町。

と同時に、内なるガイド[10]が子どもを果てしない作業に導くとき、全ての物、全ての人から離れて、一人になれる環境が必要です。私たちの最も内部にある、豊かで、神秘あふれる、謎めいた深い本質に辿りつくために、誰も手伝うことはできません。もし誰かがその作業の最中に介入すると、親密な魂の作業は中断され、破壊されてしまうのです。

集中とは、一人一人の中でしか起こらず、外界から自身を解放することによってのみ獲得でき、周りにある何ものも、その成長やその秩序、その平和をもたらすことはできません。

完全なる集中は、偉大な人間にしか起こらず、彼らの中でも例外的に特別なことです。

集中は、内なる力の源泉であり、他者の中からその人物を際立たせる内なる強さでもあります。この集中から、無限大の慈悲の心や、黙想の静寂さと共に、大衆に影響を与えられる偉大な人間が生まれてくるのです。

長い時間、大衆から離れることで、人類の問題を解決できるように感じる人なのです。また永遠なる忍耐力と共に、たとえ仲間の弱さや不完全さが後に憎しみや迫害に悪化しても、それを受け入れられるのです。

＊訳注10「ガイド」 方向性を示す存在。第1章の注3参照。

このような現象を研究していくと、精神の集中と、日々の生活の中でする手仕事の間に、非常に強いつながりがあることが見えてきます。一見相反しているように見えますが、実は片方がもう片方の源となって、深く関連しているのです。

日々の生活をするために必要な強さは、一人で居る時間の中で精神内に築かれ、一方、毎日の生活の中で家事を通して、集中力が生まれるのです。

消耗したエネルギーは、精神の集中から補完されます。

自分のことを明確に分かっている人は、内的生活の必要性を知っています。同じように、身体は栄養や睡眠のような物質生活を欲します。精神的な欲求を感じなくなった魂は、その身体が空腹の苦しみや、安らぎの必要性を感じなくなるのと同じように、危険な状態なのです。

子どもがこのような深い集中にいて、その精神を自分の内側に隠し、他者から隔離しているとき、明らかにその現象は例外なるギフトに恵まれた子どもではなくこれは普遍的な人間の特質だとわかるでしょう。しかし、残念ながら不適切な状況などで消え、成人になる頃には、もうその姿はなくなっているでしょう。

さて、子どもたちにこのような集中現象のきざしが少しでも見えたら、前記の子どもたちによる実際の役に立つ作業の姿とは全く異なるものがあります。

一見、役に立つと思えないものが、突然子どもの心を捉え、子どもはそれを取り、あらゆる方向に動かすのです。動きは小さいですが、一貫していて、機械的です。頻繁にその手は、既に作ったものをこわし、もう一度作り直すために、再度、積み上げます。

この動きは何度も繰り返され、見た人は、以前の日常生活の練習のような熱狂性はないことに気づくでしょう。これは我々を次の現象への扉[*11]に向かわせるきっかけとなるのです。

私が初めてこの子どもの特徴を発見したとき、まず驚き、自分が何か特別なものを見ているのではないか、また新しい素晴らしい秘密を目撃しているのではないかと思いました。多くの著名な心理学者が私たちを信じ込ませ、唱えた理論が、目の前で粉々に打ちくだかれていくのを見ていきました。

＊訳注11「現象への扉」
モンテッソーリは、期せずして目撃した静けさにあふれた素直な子どもたちの姿に驚き、これを「現象」と呼んだ。

私は、幼い子どもたちは長時間、何かに集中することはできないと思い込んでいました。それなのに、目の前の三歳の女の子は、最も深い集中状態を見せながら、直径の異なる木製の円柱[*12]を、それが相当する穴に入れようとしていました。彼女は全身全霊を使って注意深く差し込み入れ、全てが決まった場所に入ると、今度はそれを全部取り出し、すぐに再び入れ始めました。

何度も何度も同じ深い集中と共に繰り返し、出したり入れたりしていたので、誰もいつ終わるか想像できませんでした。

私は数え始めました。彼女が四十回以上したとき、私はピアノに近づき弾きはじめ、他の子どもたちに歌うように促しました。でもこの幼い女の子は自分のテーブルから離れずに、目を逸らさずに、この一見無益な活動を続け、まるでこの周囲から密かに抜き取られたような存在でした。

突然、彼女は止めました。

嬉しそうな笑顔と共に、その澄んだ目を円柱から離しました。まるで肩から重りが外れたようで、また長い休息を取っていたかのように、そして十分寝た後の子どもが見せる、あのにっこりとした笑みも浮かべていました。

＊訳注12 「木製の円柱」
はめこみ円柱のこと。

この体験後、私は同じような現象を何百回と目撃しました。

このような集中をもたらすタイプの活動の後、子ども達は必ず十分休んだかのように見え、心の奥底から強くなったように見えました。まるでこれは、彼らの魂の中に、輝く力への新しい道が開通されたようで、彼らの持つ、一番良い面が現れてくるようでした。それからは彼らは皆に優しくなったのです。他者の役に立つ仕事を選ぶようになり、良くなりたいという欲求に満ちているようでした。

すべての教育法への鍵

時々、子どもが教師に近づき、まるで秘密を明かすように彼女の耳に囁くのを見たことがあります。

「先生、私、良い子なの」[*13]

この観察は、他の人も高く評価しましたが、私にとって、これは格別、役に立ちました。

＊訳注13「先生、私、良い子なの」

"I am good"

これは大人からの賞賛や評価を求めているのではなく、子どもが作業に没頭し、深く集中することによって、その子ども本来の良さが表れ、心身のバランスがとれ、自分の今の状態を素直に嬉しく表現している状態。

この子どもの精神の中に、ある法則を見つけたのです。そしてそれを理解し、その法則がすべての教育問題を解き明かす希望となったのです。

子どもが何を明らかにしてくれたかが分かりました。秩序、精神の発達、知的そして情緒的生活の全てが、この謎に包まれた泉を源泉としていることが、目の前にはっきりと見えたのです。

それからの私は、実験を通して、集中を可能にする対象となり得るものを、できる限り探しました。

次に、慎重に環境を整えることに力を注ぎ、集中を可能にするのに最も好ましい外*14的要素や条件を取り入れ、それが子どもの集中をもたらすようにしました。このような流れの中に、私のメソッドというものが確立されていったように思います。

ここにはすべての教育法への鍵があります。集中という大切な衝動は後に読んだり、書いたり、数えたり、さらに文法、代数、外国語、科学などを紹介するときに役に立つからです。

＊訳注14「外的要素や条件」
子どもサイズや明るい色、秩序だった置き方など、それまでにモンテッソーリが子どもから学んだ多くの物的要素のこと。

どの心理学者も、教授法は一つだけで、生徒の一番深いところにある興味を引くことだといい、同時に持続する活発な注意力も必要だとしています。

つまり、全ては次の一言にまとめられます。心の奥に隠れた子どもの力を利用することが、その子どもの教育に良いということです。

それは可能でしょうか？

可能です。そして可能なだけでなく、それは使わなければならないのです。覚えていて下さい。集中をもたらすためには、発達に見合った段階的な刺激が必要なことを！

最初の段階でこれらは、物の中に含まれていて、感覚によって簡単に気づくことができ、それは幼い子どもにとって興味のあることです－いろいろな寸法の円柱*[15]、彩度の段階によって置いていく色の活動*[16]、一つの音の違いを他から識別する活動*[17]、触ることによって表面の粗さの段階に気づいていく活動*[18]、その後は文字のアルファベット（ひらがな）や、数字、書くこと、読むこと、文法、絵画、もっと困難な代数の計算、自然科学、というように異なる年齢に異なる

＊**訳注15「視覚の活動（寸法）」**はめこみ円柱。
＊**訳注16「視覚の活動（色）」**色板。
＊**訳注17「聴覚の活動」**雑音筒、音感ベル。
＊**訳注18「触覚の活動」**触覚板、触覚板合わせ、布合わせ。

刺激を与え、子どもの中に教養の文化が築かれていくのです。

新しい教師

集約すると、新しい教師の仕事は、従来の教師の仕事よりもっと繊細で、もっと重大なものとなります。

彼女の肩には責任がのしかかり、子どもが自分の教養や自己完成に向かう道を見つけられるか、または全てが破壊されるかは、教師にかかっているからです。

最も困難なことは、教師に次のことを理解してもらうことです。もし子どもが成長するなら、教師は目立たないようにし、今まで教師であるが故に持っていた神聖なる権利であった特権を捨てるということです。

教師は、子どもの内なる規律に直接的な影響を与えられないことを明確に理解し、未だ見ぬ潜在的な子どもの持つエネルギーに確信を持ち、それを信じて待つことです。

従来の教師には、幼い子どもに常にアドバイスをしたり、訂正したり、励ましたり、自分の経歴や教養において自分がいかに秀でているかを子どもたちに見せびらかすという、自身を駆り立てる力があるようです。しかし、教師が後ろに引き下がり、自慢や虚栄の声を静止しなければ、何の結果も得られないでしょう。

同じように、教師は直接的に子どもに介入するのを控え、間接的な態度を根気よく続け、環境のすみずみまで十分な知識と共に整え、教具の与え方、どこにそれを置くかを熟知し、細心の注意と愛情を持って、子どもに仕事を与えなければなりません。

また、正しい道を模索している子どもの活動と、全く間違った道を歩いている子どものそれとを、見分けられる教師でなければなりません。

いつも教師は穏やかですが、一旦子どもから愛や思いやりを求められたときは、直ぐに傍に行かねばなりません。

常に準備しておくこと、これが大切なことです。

教師は自分自身を、より良い人類の形成に捧げなければなりません。

まるで、神に仕えたウェスタ[*19]が、他人がつけた聖なる灯火が灰にならぬよう、純粋さと清潔さを保ったように、教師も内なる炎が純粋であり続けるように託されているのです。

もしこの炎を放っておけば、光は消え、再び火をつけることは誰にもできないのです。

＊訳注19「ウェスタ」
ローマ神話に出てくる「炉と家庭の女神」。この女神に仕えた巫女（ウェスタの処女たち）の務めは、ウェスタに捧げられた聖なる炎を絶やさないことであった。

第３章

教育の再構築

新しい道を示す子どもたち

一九四二年　マリア・モンテッソーリ

私はいつも、自分の考えを主張するのが難しいと感じています。なぜかというと、今回の主張「教育の再構築」は、一本の線のような簡単な概念ではなく、まるで砂漠や海のように途方もなく膨大だからです。私自身でさえ、これがどこまで広がっていくのか想像できないため、皆さんに伝える方法が分からないでいます。この果てしなく続く砂漠や大海原は、私の頭の中や、私の精神、私の知識、私の中に起こった変革が創りだしたものではなく、これこそが本来の教育だと思います。皆さんがご存じの教育ではなく、今までになかった新しい知識や効果的な援助方法、新しい方向性を示してくれる未知なる教育で、強いて言うならば、世界に向かう新しい英知だといっても過言ではありません。

教育とは与えられるもので、自分たちで構築できるものではありません。ですから自分自身からも遠く離れたものを語るのに、控えめな言葉も、誇張した言い方も私にはできないのです。今から起ころうとしている新しく輝かしい変化の正しい価値を、皆さんに伝えることができずにいることを申し訳なく思います。これまで私たちは、新しい世界を見せてくれたり、新しい希望を与え、新しい道を示してくれるマスター、つまり指導者を知りませんでした。私を知っている人なら、もう最初の出だしで分かったように、私はこれから子どもの話をしようとしていることがわかるでしょう。

人類は、たった半分の人間では、構築できないことはご存知でしょう。今日の世界は大人を基準に作られ、ひどい世界になってしまい、世界は困難で変えられないと人は言います。

では本当に何も変えられないのでしょうか？

人類の半分、子ども

人類の残りの半分が、最初の半分を手伝うことができます。特に人生が楽しく興味のあることでいっぱいならです。私たちは皆それぞれ、ずっと大人であったわけではありません。一人ひとりが子どもであったわけです。子どもから人格が育ち、我々は人類を作り上げてきました。子どもには、誕生から大人になるまで、その長い歴史の中で、しなければならない仕事があったのです。

子どもは我々ひとり一人の建設者です。

今、どんなに重要な人でも、尊敬される人、社会に参加する人も、少し前は違った人格を持っていたのです。それは謎に包まれていて、この世では配慮されない、尊敬されない、全く重要な人でない、選択肢の無い人でした。しかしその人には、我々ができないことができるのです－彼は、彼女は、我々が想像もしないような方法で、果てしない世界を建設できるのです。

我々が子どもをどう捉えているかといえば、子どもは取るに足りない、ささいな存在で、中身も重要性も無いというものです。でも空っぽで重要性の無いものが人類の建設者などにはなれません。これができる人は、何か偉大であるはずです。

ここにある植物の成長のはじまりの頃を想像してみてください。これは種から栽培されました。私たちは種に重要性が無いとは思いません。もうお分かりのように植物の種は、栽培すると新しい植物が生まれてくることを知っています。

しかし一人ひとりの子どもが成熟して大人になる種であることを誰も気づい

ていません。私たちは、教育が子どもの発達を援助し、この援助を与えるのは大人だと思っています。これが教育に対する通常の考え方です。

しかし、これは正しい考え方ではありません。なぜならこの考え方によると、大人の知恵や大人が世話をすることで、この小さな子どもを手伝えると結論づけてしまうからです。つまり教育とは、子どもや若者に、私たちが持っている最良のもの全てを与えることだという考え方だからです。

もしそうであるなら、私たちがどんなに努力しても、人間を作ることはできないでしょう。これは子ども自身の仕事で、これが教育全体の問題の中で最も重要な側面です。教育とは子どもが自分自身の力を使って達成することで、大人が彼らに何をするものではないのです。

インカーネーション

さて、インカーネーション[*1]という考え方はどういう意味でしょう。一つの魂が、新しい生命に宿るという意味でしょうか？　もしそうだとしたら、どうやって新しい生命に入るのでしょう？　ある具体的な方法で、精神的な存在が

＊**訳注1「Incarnation（受肉化）」**
受肉化＝incarnationは、もともとキリスト教の用語だったが、モンテッソーリ博士は教育的概念の用語としても使っている。子どもが何度も何度もある活動を繰り返し、概念が深く浸透し、その活動を完全に身につけ、それを自己構築の材料として使う工程を〝受肉化する〞といっている。

肉体的な存在になり、生来の内なる力によってある決められた時間の中で、自然界の特別なデザインに沿って、自分の身体の全ての部分を、自分で作り出すのです。私たち大人は何もできません。人間は誕生前、胎芽が成長し、一人で発達し、多くの人間らしい特徴を持ち始めます。これらを私たちが与えることはできません。その後も同じなのです。

これは教育の中で強調されるべき非常に大切なポイントです。どうしてこんなに小さい肉体の中に、のちに知的な人になり、言葉を話し、動くパワーを持ち、意志のある人間になる可能性が秘められているのか、私たちの理解を超えています。自然は、この新しい人にある法則を与え、その仕事は私たちの手には委ねられていないのです。それは手伝えないのではなく可能なのですが、大人は子どもがどれだけ私たちに与えてくれているかを見るより、自分たちが子どもを構築し、この小さな子どものために全てをしてあげなければならないと思い込んでいるからです。

社会貢献する子ども達

もし私が、子どもの成長を導く法則の話をし、人間を構築する子どもの中にあるパワーについて話し、これらは通常理解されていないとか、考慮されていないと断言したらどうでしょう。それは私がこれらが見える特別な脳を持っているからではなく、人生の中で子どもたちがその姿を私に見せてくれたからです。

そしてこの新発見は、この子どもたちだけの特別なものではなく、全ての子どもたちに共通することだったのです。これらの多くを四十年の間に目撃し、子どもに従ってこれらを熱く紹介してきました。そして子どもたちは私の質問や疑問に対して非常に多くの答えを与えてくれたのです。

子どもたちがどれほどコミュニティー、共同体のために貢献できるかを見てきました。子どもの中にはたくさんの知識、そして英知があります。もし私たちが彼らの英知から何も会得しないのなら、それはただ単に私たち大人が、子どもが教えてくれることから学び、子どもの魂の素晴らしさを見つめるという謙虚さを軽視しているからです。

子どもが我々に何かを教えてくれるのは、これは子どもの力だけではなく、人間を構築する愛の力によるものであり、この愛は神によって託されたものです。子どもは神からの直接的な力を受けていて、私はこれを二度も三度と幾度となく子どもに見たのであります。これは身体的な能力だけではなく、知的能力にも現れます。知的な分野について子どもから学べるのは、私たち人間を統治している法則です。これらを知ることは非常に重要で、なぜなら子どもを通して神が造ったすべての人格、精神の受肉化を見ることができるからです。

人格の発生起源を子どもに見ることができます。なぜなら子どもからある言語を話す大人が生まれ、ある情緒を持った人間が生まれるからです。また子どもの中に普遍的な人間の特徴も見られます。なぜ普遍的かと言うと、それはどの人間にもある基本的な特徴だからです。どのように子どもが人間を構築していくのかを知ると驚くでしょう。なぜならこの秘密を知れば、人間を助けることができるのです。役に立つことを知ることができるからです。しかし我々の頭の中は混乱していて、今はそれに気づいていていないのです。

人類共通の法則

人類の背景にある法則を我々はもっと知らなければなりません。人類がどうやって来たか、またそれぞれの個性、人種、それぞれの宗教の根源です。その偉大な根源には計画があり、それは大人が子どもに与えた影響だけでなく、子どもが大人に与えたものが影響していることもあります。

そして後者は愛の感情だけでなく、非常に強い影響力、つまり知識と英知による本当の影響力です。つまり、もし私たちが人類を調和にもたらす問題を抱えていると、子どもを考慮に入れるだけで、我々は人類の共通なものに触れることができるのです。もちろん、これは異なる人々を一緒にすることだけで成し遂げることはできませんが、もし我々が子どもから始めれば達成することができるのです。

子どもは生まれたとき、独自の言葉も、宗教も、ある国に対しての、またある人種に対する偏見も持っていません。これらすべてを獲得し身につけているのは大人です。人類はこの小さな子どもによって、何という好機を与えられているのでしょう！　この小さな子どもも、いつかはある人種の、ある国の、ある言語の、ある宗教の子どもになるのです。

なぜでしょう？　わかりません－新生児にこれらを教えるからでもなく、また、一歳や二歳の子どもにこれらを教えるからでもありません。私たちは子どもにある言語を教えたり、この特別な宗教を身につけなければいけないとか、ある国の国民のようになれと教えません。

しかし事実は、この小さな子どもがインド人やイギリス人に、ロシア人に、またはファシスト、民主主義者、キリスト教信者やヒンズー教信者となるのです。いったい子どもにどんな力があり、全てのこれらを吸収し、受肉するのでしょう？　これが真の受肉化です。

もう一つ重要な点は、子どもの内面で起きる受肉化があまりにも著しく、深遠で、重要なので、人格はそれを捨て去ることができません。子どもが吸収し、自分の中に構築するものは、子どもの中に住み続け、その子どもの性格を形成していくのです。ご存じのように、皆さんの中にあるのもこの力で、人格の中に受肉化していく炎のようなものです。

それで？　どこに？　何故？

子どもの成長の段階で見えるのは、私たちが持つ精神的な機能の一部が、これらの力によって発達するということです。この受肉化の力は、創造の力です。この受肉化する力は他に類のない無比で不屈の存在です。子どもが私たちから受け取っていないものを受容するのは不可能です。私たちが持つ多くの、本当に多くの所有物は、子どもたちが作ってくれたもので、私たちには他の力は全くありません。

子どもだけにみられる能力

今日、心理学という学問だけが、子どもに宿る偉大な能力、つまり人種やカースト制や他の特徴を深く受肉できることに気づき始めたのは興味深いことです。ところが多くの人々は、これは遺伝によると言いがちです。しかしながら遺伝という現象は、子どもの中の卓越した統合力によって起こり、これらの特徴はその構築の結果なのです。

他にも興味深い、実用的な価値のある点があります。それは子どもの内にある知識や文化を身に付ける力です。子どもは後ではなく、早い時期に、知識や文化を吸収することができます。

これもまた意外な子どもの新発見です。子どもは私たちの前に来てこう言います。

「ある法則を与えてあげるわ――それはね、子どもによる人間の構築に関する神聖なる法則よ。あなたからたくさんの知識を学べるわ。だってこの目的を果たすために、送られてきたの。この能力と共に、私は人類の文明を構築する多種多様な活動をできるだけたくさん獲得するわ。」

四歳の小さな子どもが単語を書き始めるのを見た時は、大きな新しい発見でした（私の時代では、書くのはもっと年上の子どもでしたから）。

それも単に書いたのではなく、教師からの奨励無しに子どもは、猛烈に、熱狂したかのように書いたのです。なぜなら彼らには可能性があり、人間に内在するもの全てを身に付ける能力があるからです。子どもは、環境から身に付ける能力を持っていて、脳は吸収でき、吸収している最中に彼は受肉しているのです。つまり私たちには、この文化を難なく取り込んでしまえる、小さな子どもたちがいるのです。

しかしこの最初の実践のあと、私たちはもう一つ重要なことで子どもがどう取り込むかの方法を見たのです。我々大人が文化を伝達するときに描く方法とは全く違う方法で、子どもはこれを達成することが分かりました。子どものやり方は、普通学校で教える方法とはかなり違っていました。これもまた子どもからの教えです。

もし私が良い教師になりたいなら、子どもにどうすれば良いかを聞かねばならないでしょう。聞いたらきっと子どもはこんな風に優しく答えることでしょう。

「どうか何もしないでね。ボクのために直接できることは何も無いよ。」

子どもはまるで浴槽にいるギリシャの哲学者のように答えるでしょう。この哲学者の賛美者であった王様が彼のそばに行き尋ねました。

「貴方のために何をしたら良いですか？」

哲学者は答えました。

「もう少しこちら側に立ってください。貴方がそこに立っていると陽の光が入らないのです。」

これは子どもの答えと同じように優しいものでした。

それでも私たちは子どものために何かできるはずです。今日、大人は子どもに対して少ししかしていませんが、それよりはしてあげられると思います。

でも教育者が子どもに対して、何をしているか見てください。教師は子どもに話をして、また話をして、子どもが何も分からないと思って嘘ばかり話しています。そして大人の言うつまらないことに子どもが興味を示さないと、教師はさらに厳しくなり、教師の言うことを繰り返すよう強制します。

子どもは創造的な性格を持ち、その性格は神と繋がることができます。しかし子どもは、ある程度大人から自立をしなければ、この繋がりは期待できません。子どもはまず自立を探究します。これは大人に依存したくないからではなく、彼の中に炎のように駆り立てる、何かに対する強い欲求があるからです。

これは子どもの内面にある法則です。しかしどれだけあなたが話をして、話をして、話をしても、何も成果は得られないでしょう。なぜなら子どもは直接的ではなく、間接的にしか学べないからです。これも子どもからの教えです。

新しい教師

子どもが間接的に取得できる機会を与えるために、私たちの行ってきた教育法を大幅に変えなければなりません。子どもが選び取ることができるような環境を与えなければなりません。このメソッドを説明するには大変長い時間がかかります。

しかし私たちの目の前には新しいマスター、新しい教師の姿があります。その人は、子どもの秘密を理解し、人間の成長に関わる仕事への畏敬の念を持ち、謙虚さと共にいる新しい教師です。この新しい教師は子どもを邪魔せず、自分の生活の全ての瞬間を子どもに仕え、成長しつつあるこの人間の後に従いながら手伝うのです。そこで彼は教師ではなく、神の召使いになるのです。

子どもは頭だけで分かるのではなく、手や活動によって理解することを知っておかねばなりません。なぜなら子どもは、人格や感情、精神、知識、活動などの全てを統合しながら全人格を育て、子ども自身の自然な範囲の中でさらに高く、高く成長して行くのです。ですから私たちは、多くの貴重なことを見てきたのです。

子どもが、私たちの学校で使う教育の方法に至る知識を与えてくれます。実践的なことで学んだことの一つは、子どもは無意識に吸収するので、幼い子どもをどこか吸収できる場所に置かなければならないということです。

例えば、私たちは子どもをもっと進んだクラスに入れましたが、その結果、幼い子どもは年上の子どもから多くのことを取り入れ、高度なことを学びました。感動的で不思議だったのは、三歳の子どもが、書くことを学んでいる四歳児のクラスに入ると、同じように書くことを理解し始めたことです。そして四歳の子どもが六歳児のクラスに行ったとき、彼らが学んでいる課題の中から、自分である学びを選択し始めたのです。

まるでスポンジのように子どもたちは吸収します。この子どもの精神的な能力は驚嘆すべきことです。ただ私たちは直接、教えることはできないのです。子どもが自分で自分を教えることが大切で、それができると大成功です。最も重要なことは、特に社会という視点から見て、子どもは少しずつ段階を経て、どんな知識の一片でも吸収し、どんな体験からも吸収してしまうということです。

新しい希望

では、少し飛んで最後の課題に進みましょう。もし次のような問題があったとしましょう。

社会生活に対応できる新しい人間を準備しなければならない。また、他人に共感でき、深い人類愛を持つ人間を作りだす必要があるとしたら、です。

他の問題もあるでしょう。

今日は、昔よりもっと教養のある人が必要だとしましょう。科学があまりにも急速に発達し、今日の若者には、もっと豊かな知識、正確で学識の高い知識、そして受肉化した知識が求められています。

この問題は、生まれた時からすでに子どもの中にある愛を耕すだけで解決できます。また子どもがこの世に生まれてきた時に、その子どもによって刺激された大人の中の愛を育てればよいのです。またこの愛を徐々に社会体験を通して育てること。そしてその社会体験は広がり、さらに広がり、若者たちが大人の男性と女性になるまで、広がり続けるのです。

さて皆さんは、子ども達に知識や科学を教えますか？　どうか彼らが一五歳や一八歳になり、大学に行くまで待たないでください。これは最も幼い頃から準備すれば、科学はその子どもの一生涯を通じて成長発展し、人類もさらに調和がとれるでしょう。

この問題は、住民会議や、大学や卒業後、また生涯教育で解決するのではなく、全ては子ども時代から始めなければならないことを覚えていてください。なぜなら子どもには偉大な受肉する能力があり、私たちが想像するよりもっと高いレベルの知性を持っているからです。

もし幼い頃からどう成長するかの法則や、教え方などを、子ども達が私たち大人に教えてくれ、学校では何回も何回も同じことをしゃべる教師から直接ではなく、自らの体験によって知識を身につけられれば、そして私たち大人の知らなかったことを教えてくれれば――不可能だと思っていた問題も、シンプルに実践的に問題解決できるでしょう。そして私たちが解決できなかった社会問題も、この新しい人類が解決できることでしょう。

たぶん私たち大人たちは、制限の中で、形骸化された狭い判断力で、これらの問題は解決できないと思ったのかも知れません。一方、子どもには解けるのです。なぜなら子どもはそれを直接的でなく、間接的に対応し、より高いレベルに自己を向上させ、次々と成長し、次の段階に行くのです。これが他の問題への解決方法なのです。直接的に解決できなくても、もし我々がより高い次元にいく能力があればできるのです。こうして子どもは人類を突き動かし始め、より高い段階へと導き、多くの解けなかった問題も解決できるようになるのです。

これが私たちの希望です――希望とは、新しい教育から生まれる新しい人類のことです。その教育とは、人間と森羅万象を含む宇宙との共同作業であり、人間の進化を助け、人間の受肉化を促進させるものです。

一九四二年　マリア・モンテッソーリ

MEMO

第 4 章

「子どもらしさ」の二つの側面

モンテッソーリ博士の視点や足跡、その業績へと導いてくれるガイドとして、モンテッソーリ博士ご本人より適切な人がいるでしょうか？

そこでわれわれＡＭＩ[*1]は折に触れてモンテッソーリ博士の講義録を出版することにしました。これらによって、私たちの心の中に、博士の死後失われていた彼女の体験談、伝えたかったことなどが、鮮明に残ることでしょう。今回、「コミュニケーションズ」[*2]に掲載されたものは、一九九三年のロンドン国際モンテッソーリコースの第２回目の講義録です。

「子どもらしさ」の二つの側面

モンテッソーリの教育法の中核、つまり全ての基盤となる考え方は、子どもが変わることに立脚しています。よく人は、「変革」という言葉を使いますが、私たちが使う時、これには新しい意味を含ませています。一般的に良心に従って大人が何か新しい考えをみつけた時の「確信の変化」という意味で、「変革」という言葉を、使っています。

しかし、私が子どもの変革について語る時、今まで知られていた子どもの特質とは異なる、別の特質が現れることを意味しています。最初にこれに気付いた三十年前、ジャーナリストの何人かは、この子ども達を「新しい子ども」と表現しました。いったい彼らはどういう意味でそのように表現したのでしょう。これらの子どもは、明らかに今まで知られていなかった子どものタイプ、全く異なった本質を持った子ども、という意味で「新しい子ども」と表現されたのです。

ですから、私たちが行っているすべては、この子どもの二つの側面の違いを識別することにあります。

一つは、表面的で、皆が知っているよく生活の中で見ている姿です。これは

＊訳注1「AMI」
Association Montessori Internationale
国際モンテッソーリ協会の略。一九二九年にモンテッソーリが自身の死後も、この教育が継続するよう息子のマリオと共に作った団体。HP:www.montessori-ami.org

＊訳注2「コミュニケーションズ」
オランダにある国際モンテッソーリ協会の本部が会員用に定期的に出版していた学術誌名。現在は廃刊しデータ版のみになっている。

心理学者たちが研究している、唯一の子どもの性格です。

そして、すべての教育学の流れは、この性格に基づいて考えられているのです。

しかし、私たちが言う子どもの本質は隠れた部分にあり、これが姿を現し、成長する様を見るには、ある特別な条件が必要です。

これらの異なる心理的側面を説明するために、ある二つの具体例をご紹介したいと思います。

まず、一般的に見られる子どもたちは、ある特定の性質：例えば動きが散漫で秩序立っていない、と捉えられています。彼らは絶えず動いていて、それによってよく物を割ったり、壊したりすると考えられています。このタイプの子どもは、大人も制止できない落ち着きの無さがあります。制止できたように見えても、本当にはできていません。

他の反応でもわかります。素直さが見られず、押し付けられた規律に対して、一般的に言われる乱暴さや、大泣きすることで反抗してきます。

一般的に知られている他の態度は、嘘をつくことや、欲張りなことです。子どもたちは美味しい物が大好きで、食べ過ぎることもあり、常に大人がそれを注意し、やめさせようとします。

それから、所有欲です。

子どもたちは自分の所持品：玩具や他の物に強い愛着を持ち、どんな物であれ愛着がある物に対して独占的になり、それを防御するためには戦う姿勢も見せます。

他にも、恐れと依存は、子どもたちにあると思われている性格です。一般的にみて、子どもたちは怖がりだと思われています。暗闇が怖く、また年長者に依存する性格です。いつも誰かに援助を求めていて傍にいて欲しいのです。これは情緒面からみて自然な愛着関係だと解釈されますが、もしそうだとすると、何も問題などないはずです！

しかし、これは愛情の問題ではないのです。多くの場合、母親や兄弟から離れられない子どもは、世界にたった一人残されるかもしれないという不安に駆られていて、常に助けが必要なのだという印象があります。

知的な領域でも、子どもは常に年長者からの助けを必要としているように見えます。絶えず質問をしていて、「お話して！」と大人に懇願するのです。このような子どもたちが、むやみにお話を欲しがり、質問をし続けるのは、しばしば不安や落ち着きのなさが原因の場合があります。

基本的に、この子どもたちはどんな仕事にもじっと就くことが出来ません。ほんの少しの時間も、注意を向けることができません。もし彼らに作業をしてほしいなら、大人は常に注意を向け、頻繁に監督せねばならず——明らかに、そんな子どもは疲れやすいのです。

ですから、このような子どもたちは仕事に対して怠慢で、無能だと思われています。しかし彼らにも一つだけ活動的な部分があります、それは想像力です。皆が気づく最も興味深い現象の一つに、子どもの思考が擬人化するということです。

子どもは周りにあるものを擬人化します。物体を、生きていて動くものに変化させることによって、現実のあるがままの世界から遠く離れていきますが、これは最も評価されているこの子どもの部分です。

これらだけでなく、他にも列挙できるほど子どもの特徴はありますが、どれも「子どもの教育ガイド」として参考にできるものではありません。しかし子どもを教える大人は、欠点の一つひとつを個別に考慮し、ある欠陥を更生し、他の良いところを伸ばそうとします。この後者（良いところ）は、想像力、お話をいつも頼んでくること、質問すること、家族への愛着などでしょう。

しかし、教育を通して、あるものは抑圧され、あるものは強化され（伸ばされ）ますが、私の意見によると、これらの特徴全てが「逸脱」の症状なのです。

我々モンテッソーリアン[*3]は、子ども時代にはもっと他の、深遠で重要な本質が存在すると考えています。これは「変革した子ども[*4]（回心した子ども）」が明らかにしてくれます。

この子どもの側面はかなり異なります。彼らの中では、心を向けて集中する仕事に対する愛があります。集中は、何度も何度も同じ練習を繰り返す姿に現れます。そして彼らの動きには秩序が見られ、この二つは両輪のようにうまく合うのです。つまり彼らの行動には細心にわたる正確さが見られ、動きが継続するだけでなく、繰り返されるのです。

一つ不思議なことは、この秩序だった、終わるまで長く続く、一連の作業は、子どもにいかなる疲労感をもたらさないのです。

もう一つの特徴は、大人から自立（または「大人に依存していない」）しているということです。子どもは自分の動きの正確さを自分で追求する能力があるということです。

他の驚くべきことは、他人の所有物への尊重と、外界の物への興味と愛で、それがあまりにも強烈なので私たちは「環境への愛」と呼んだほどです。この

＊訳注3「モンテッソーリアン」
montessorian
教師に限らず、誰でもモンテッソーリ教育やモンテッソーリ博士の考えに賛同している人々の総称。

＊訳注4「変革した子ども（回心した子ども）」
converted child
まるで宗教を変えたように、それまでと全く違う子どもになることをモンテッソーリは伝えている。

愛とは、その物への知識が要因していますが、しかし、それは所有欲とは無縁なのです。その結果、子ども達の間には争いが無いのです。それどころか、子どもたちは穏やかで、愛情に溢れているので、相互の結びつきが強いのです。

最初にこれを目撃したときと同じように、今だに驚異をもたらすのは、このような条件が続けば、子どもたちは玩具やお菓子、ご褒美を断るのです。

また彼らは、大人の助けを求めず、過度に何回もお話をするように求めず、質問を続けざまにする必要を感じないのです。また他の現象として、彼らの行動と何も特別な関係が無いように思われますが、恐れや嘘が姿を消していくことです。

これらの特徴は、子どもが持つ二つの側面に関係するものです。これらは並行しています。片方で彼らは現実から逃避して想像の世界に過度に入り込んでしまい、一方で環境への愛着があり*5、そこにある物への正確な知識があるのです*5。

また一方で、無秩序で騒がしい動きがあるかと思えば、一方で静かで穏やかな行動がとれるのです。

ある面で、大人や他人への依存があるのに対して、もう一面は自立心があるのです。

＊訳注5「環境への愛」と「正確な知識」
モンテッソーリ教育では「環境」ということばをよく使う。自然を含む教具、家具などを物的環境と呼び、教師を含む子どものまわりにいる大人を人的環境と呼んでいる。この場合は自分のクラスという環境にある物、教具、家具の「正確な使い方」や「世話の仕方」を知ることで、それらを大切に思う気持ちが芽生え、愛着が生まれてくることを示す。

外見的な特徴として、怠慢さが見られます。しかしより深い内面では仕事への愛があり、作業への集中や持続力が見られます。

この二つの異なる子どもらしさの側面が、どのような条件下で見られるかを知るのは、興味深いことでしょう。外面的な性格として列挙したのは、一般的に見られる子どもの特徴です。私たちが気づかねばならないのは、深い本質の方に属する性格は、前もって設定することができず、なぜならそれらが存在することさえ誰も知らず、それを探しに行くこともできなかったからです。

この引き起こしてくれた要因を偶然の出来事とせず、これらが現れるようにしなければなりません。何が起こったかを理解するためには、二つの異なるアプローチを思い描き、最終的にある心理的な真理に到達しなければなりません。

その一つのアプローチは研究です。これには心理学者が必要で、ある側面に焦点を当てて調査するのです。事前に彼は何を探しているのかを知っていて、一つの、また他の方法で調査研究するのです。

もう一つのアプローチは発見です。発見とは、何か既にそこに在るものですが、しかしある事情、または他の理由で、人間の意識からは隠れてしまっているものです。今回の場合は、子どもの深遠な本質の発見でした。つまり、ある正しい適切な条件下にあると、すぐさまその特徴が見られ、それも一部ではなく、全体像が見えたのです。

もう一度、強調したいのは、これは前もって計画したり、事前に設定された教育の結果ではありません。確立された方法論の成果ではないのです。

それどころか、モンテッソーリメソッドと呼ばれるものは、それ以前にはその恒久的な存在が確かめられなかった傾向性の発見に起因しています。人々は、私がこのメソッドを作ったといいますが、そうではありません。もちろん、私も関与した部分はありますが、本当に何が起こったかを説明するために、どうか比較させてください。

何が起こったかを説明するために元々光に敏感な感光板が内在しているカメラに例えてお話したいと思います。

まず、外界にある物の写真が写ります。明らかに感光板にはある程度の感光性があり、それで画像が残るわけですが、しかしそのイメージは元々感光板によって創られたものではありません。これはある固有の形を持つ物体のイメージです。独自の特徴のようなものです。私がその感光板だったとしましょう。化学薬品の調合によって私に光への受容能力ができ、私の中にはカメラも設置されているとしましょう。ある科学的な仕組みです。

実際には、心理的なイメージが永遠に記録されても、されなくても、カメラには関係がありません。カメラが物を作るのではなく、カメラはイメージを取り込むだけです。感光板に写されたイメージは、実在する物の写真です。これが隠された子どもの本質だとしましょう。

お伝えしたいのは、この深遠な本質が誰にも見えず、でもその深い部分は私のお陰で見えるようになったと言っているのでは決してなく、なぜなら私はたまたまそれを記録したカメラであっただけです。

写ったのは欠けた部分のない完全なる全体像で、自発的な存在です。この驚くべき現象は、発見した人や物に依存しないのです。これは単純なる真実の認識で、それは発見者の知覚力に依ったというだけのことです。

電気を発見した人が、電気を創造したのではありません。発見者が持っている能力は、その目撃した現象を再現するための条件を見つける能力です。発見者にそれができるのは、何がそれを引き起こしたかを知っているからです。

これが私に起こったことです。子どもの本質を初めて見たとき、あの深い集中という心理的現象[*6]を見過すことはできませんでした。それは私に強烈な印象を残し、それを繰り返すのは可能かどうかを見たい欲求で一杯になりました。

　このような驚くべき現象を見て感動したのは、私一人ではありませんでした。何百という、もしかすると何千という見知らぬ人々が見たに違いありません。教育学会で著名な二人を挙げたいと思います。一人はペスタロッチ[*7]です。シュタンツ[*8]にある彼の学校でペスタロッチ自身も似た現象を目撃しました。彼の体験を記述したものがあります。次のように描かれています。

　ペスタロッチは、子どもたちが信じられない程の愛情を持ってある活動に取り組んでいると書いています。彼はどんなに努力しても子どもたちを、そのようにさせることができず、なぜなら彼自身、子どもたちの中にそのような力があるとすら想像できなかったからです。ペスタロッチは子どもたちが活動しているのを見て、また深い喜びと共に活動し、子どもたちの信じられない程の発達に驚嘆しました。ペスタロッチは謙虚な人であり、自分はこの驚嘆すべき結果に、何も関与しておらず、自分が彼らを作ったのではなく、子どもの中には知られざる性質があることを知って欲しいと書いています。

＊訳注6「心理的現象」
モンテッソーリは深い集中を繰り返した子ども達が素直で自立し、動きが穏やかに変化する様子に驚き、この予測しなかった展開に「現象」ということばを何度も使っている。

＊訳注7「ペスタロッチ」
Johann Heinrich Peotalozzi（一七四六―一八二七年）スイスの教育家。ルソーやカントの影響を受け、孤児教育、民衆教育に生涯を捧げた。

＊訳注8「シュタンツ」
スイスが自由化する上で拠点となった街。一七九八年、ペスタロッチはシュタンツで孤児救済活動をするが半年で閉鎖。その学校の概要を書いた『シュタンツ便り』は有名。

実は、ペスタロッチはこの知られざる子どもの側面を一回見ただけでした。彼の学校の移行期に目撃しただけで、二度と見られなかったのです。でもこれは彼の心の中に残りました。この体験を他の人々と分かち合うために文章に残しましたが、彼はどうやって目撃した子どもの姿を再現するのかを知りませんでした。

つまり、ある実験結果があり、その発見者にはその現象を再現する術がなく、たぶんそれは、再現に必要とされる十分な科学的準備が彼に無かったからでしょう。

他の著名な教育者、トルストイ[*9]に関しても同じことが言えます。彼のロシアの学校では、読み書きのできない経済的に貧しい農民の子どもたちという、学校での勉強に代々興味が無いと思われていた子どもたちが、突然学びに対して炎が燃えるように関心を持ち始めたのです。子どもたちは自分が空腹であるのを忘れたかのように、勉強に打ち込みました。そしてこの予期せぬ展開はある時消え、トルストイはこれを再現することが出来ませんでしたが、未知なる子どもの側面は終末まで、彼が切望していたことでした。

＊訳注9「レフ・トルストイ」
Lev Nikoiayevich Tolstoy
（一八二八―一九一〇年）
ロシアの小説家。思想家。「戦争と平和」「アンナ・カレーニナ」などの著作がある。文学のみならず、政治、社会にも大きな影響を与えた。
非暴力主義者としても知られる。トルストイの娘タチアナはモンテッソーリ教育に強い関心を示し、何度もローマを訪れ、一九一二年三月六日にはモンテッソーリに父の本を謹呈し、そこに感謝の言葉を述べている。

このように、遠い歴史の中であった個々の出来事は、素直で落ちついた子どもたちの新しい姿がどれだけ自然な姿であるかを証明してくれていますが、一般的にその姿は知られていません。これは、もし彼らの姿が隠され、未知であり続けるとしたならば、彼らのその側面が表明されにくい条件も有り得ることになります。一般的に子どもたちは、その深遠なる性格をほんの一瞬しか表せないような条件下に置かれています。さらに言うと、子どもたちがそのような現象を表せる条件は、まだ知られていないのです。

それは、ほんの偶然の出来事でした。一部には私の科学的な経験や、それによって私が子どもの自発的な心理的表明に敏感であったことなどが、現象を引き起こした条件に気づき、それを再現することができたのでしょう。

それからの私は、この深遠な子どもの側面を、教育という世界の中で統合していくことに一生懸命でした。

さて、子どもの変革が最初に現れた時の状況を述べたいと思います。

この最初の施設[*10]は、四十人程の貧しく読み書きのできない親を持つ子どもたちでした。親は道で花売りや、荷物の運送をしていた人々です。これらの保護者たちは、仕事探しに出かけるため家にはほとんどおらず、子どもたちは一日中自分たちだけで放って置かれていたのです。

＊訳注10 「最初の施設」
最初の「子どもの家」。サン・ロレンツォと呼ばれるイタリア、ローマのスラム地域にあり、一九〇七年一月六日に始まった。

最初に子どもたちに会ったとき、全員が似たような特徴を持っていました‥臆病で、皆を怖がり、知らない人を見たら直ちに隠れるような子どもたちでした。

年齢は三歳から六歳で、彼らを集めた理由は、教育のためではありませんでした。彼らを集めたのは、家々の壁を汚し破壊するのを止めさせるためでした。私が彼らを任されたのは、教師としてではなく医者としてであり、それは栄養失調や慢性の病気の医療を施すためでした。しかし、もし関心があれば、彼らを教育してもよいという自由があり、さらに言えば、私にはその手段が与えられていたのです。

では、私がアシスタントに誰を選んだかをお話しします。

もし、自己尊重感のある教師なら、誰もこの任務を受け入れなかったでしょう。ですから私が選んだ人は、一度教員資格を取得はしたけれど、その後は労働者のために裁縫をやっている女性でした。もう一人は、小学校は終え、現在は毛皮の修理をしている人でした。

そのような人々が教育担当だったのです。

一つだけこれらの並外れた教師たちに要求したのは、私が伝えた通りのことをするように、ということだけでした。正規の教師という責任が無かったので、彼女たちが自分の性格を子どもたちに押し付けるということは全くありませんでした。この環境で私はある行動規範を設定したのです。

例えば、この子どもたちを楽しませるために、彼らが表現することを禁止したり、邪魔を一切しないということでした。

また、私はこのアシスタント達に子どもたちを自由にさせるよう伝えました。そしてこの環境に子どもサイズの家具や、過去の心理の仕事で使った感覚教育[*11]に使ったいくつかの教具を持ち込みました。

さあこれで、子どもの側面が自発的に現れるための好ましい条件を知ることができます。この子どもたちは、彼らの親という、常に数ペニーのために働いている人々や、彼らを教えこもうとする教師に全く影響を受けていませんでした。つまり、彼らは何かの方向性や指示する大人から全く影響を受けていなかったのです。

このような状況下でしたから、子どもの新しい姿を目撃する好ましい条件が現れたのです。非常に珍しいことです。確かに親や教師は子どもたちを自由にすべきだと言いますが、実際にそれを実行するのはまた別の話です。

＊訳注11「感覚教育」
モンテッソーリ博士が知的に援助が心要な子ども達との仕事で系統だてた視覚・聴覚・触覚・嗅覚・味覚を洗練させるための教育。これらの教具をモンテッソーリは「世界への鍵」と呼び、五感を研ぎ澄ますことが、より豊かな人格や生活につながると考えた。

そして私を感動させた、小さな出来事が起きたのです。

例えば、子どもたちは清潔であることに強い関心を示しました。彼らは手の洗い方を私たちから習いましたが、それからはどこであれ、それができないか探すようになりました。

この手を洗うことへの執着は驚くべきことでした。

母親たちが来て言いました。学校にいない時、子どもたちは急いで屋外に出て行き、しばらく戻ってこないと言いました。母親たちが探しに行くと、子どもたちは女性たちが服を洗濯をしている泉にいました。

女性たちは文句を言いました。せっかく洗濯のために入手した石鹸を、子どもたちが手を洗うために全部使ってしまい、子どもたちはそこに立ちつくし、何かを深く考えているようだと報告しました。

最も不可解なことは、これによって、子どもたちは深い喜びを得ただけでなく、周りを見回し始め、まるで内的覚醒を体験したかのように、聡明な意見を言い始めたのです。

学校では手を洗う自由を与え続けましたが、それ以外のことも与えました。

例えば、彼らの周りの環境を掃除するよう見せると、似たような成果が見られました。

興味深いことに、子どもたちは、周りの物を一生懸命きれいにしただけではなく、掃除をした後にも何度も何度も同じことを繰り返すので、ニスが塗られた家具は大変な目にあったのです。

この活動は子どもに喜びとさらなる知性の目覚めをもたらしました。これに励まされて、私たちは彼らに髪の手を梳くこと、服を着ることを教えました。

大成功でした。衣服のボタンをとめることを覚えた子どもは、自分でそれを外し、再びボタンをはめ、その工程を何度も何度も繰り返したのです。髪の毛にも同じようなことが起こり、梳いた後でもさらに、髪の毛を何度も何度も梳いたのでした。

これらは普通の家庭内の設定下では子どもが没頭するには物足りない活動です。というのは、大人はこのような無益な作業は、一回すると終わりにさせるからです。

このような子どもの活動への欲求が理解されないと、どんな母親でもこう言うでしょう。「さあ、もうきれいになったから、止めようね。」と。

しかし私たちの学校では、子どもたちが満足するまで、活動を続けることができたのです。

彼らの行動は私たちに、何か基本的な本質に気づかせてくれました。

まず、子どもは表面的な目的を達成するためではなく、自分の内なる発達のために仕事をするということです。これを終了してもある特別な技術を取得したわけではなく、代わりに彼の内面の何かが発達したということです。

時間と共に現れた彼らの特徴は、喜び、臆病さの消滅、知性の発達がより一層に明確に表明したことです。

また、そのときは不思議に思えた出来事があります。秩序への欲求が子ども達の中に発達していったことです。子どもたちは全ての物を、元の適切な場所に戻そうとしたのです。

ある科学的な器具で、子どもたちには操作が難しいものがありました。しかしアシスタントが片付けようとしたとき、彼女の前で子どもたちはそれをやろうとしたのです。もちろん彼女はその理由を知る由もありませんでしたが、たまたま私が居合わせたとき、その理由が分かりました。アシスタントは、子どもたちに「子どもには関係のないものだから触らないように」と伝えていたのです。

そこで私は彼女に、子どもたちには好きなようにして良いことを伝えさせ、その結果分かったことは、彼らはその物自体に興味があったのではなく、その器具が置かれていた場所に興味があったのです。

徐々に私たちは、子どもの秩序への愛に気づき始め、彼らが持つ個々の物の位置への驚くべき記憶力を目撃したのです。しばらくして、私たちは最初に述べた「子どもの変革」[*12]を目撃するようになりました。

この子どもたち、つまり最初の実験の頃はいつも泣いていた子どもたちの姿は消え、ある種の安らぎを身につけ、臆病さが消え、ゆったりとした落ち着いた子どもに変わっていったのです。

人々は、貧しい教養の無い労働者階級の子どもたちが、このようなマナーあ

＊訳注12「子どもの変革」
85ページ参照。

る振る舞いをすることに驚嘆しました。親たちは自分の子どもたちの性格の変化だけでなく、もっと知的になったことに気づきました。子どもたちが以前よりもっと聡明になったので、読み書きを教えてもらえるかと私に聞いてきました。親たちがあまりにも熱心で執拗だったので、私はやってみることにしました。

これもまた成功しました。この子どもたちはあまりにも知識を切望したので、六ヶ月後、四歳半の子どもが読み書きを習得し、六歳の子どもはその頃の小学二年生と同じレベルにまで到達してしまいました。

私も、そして、世界中の人々も（マスコミがこのニュースを報道したので）これは奇跡だと感じました。しかし、まだ私を驚かせた出来事があったのです。

子どもたちが教養を少しづつ身につけたことは驚きでしたが、これはある程度想像できることでした。

何が思いもよらなかったかと言うと、まるで身体の治療をしたかのように子どもたちの健康面が改善されたことです。貧血症で栄養不良だったにも関わらず、彼らの血液循環が良くなり、健康的になったのです。

その頃、医者であった私にとってもこれは信じられないことでした。私が気づかされたのは、ある一定の条件下で精神的な欲求が満たされると、明らかに肉体としての身体にも良い影響があるということです。

この最初の施設は、まるで小さな胎芽[*13]のように発達していきました。

その後、イタリアや海外でも学校が始まりました。分かったのは子どもが好ましい条件下にいると、学びがより深く早くなるだけでなく、自立し、そして精神的に健全になり、何も特別な治療をせずに子どもの身体的状態が正常になることが明確になってきました。

ある時、医療関係者たちは、私たちの「子どもの家」を、ヘルス・リゾート[*14]として推薦するまでになったのです。

これはまるで、子どもの健康と幸福は、人格と知性が発達する条件と密接につながっているようでした。子どもたちの作業や、学びへの強い意欲が満たされると、彼らに喜びを与えるだけでなく、身体的な状態がよくなったのです。

ですから、明確に分かったことは、遊びではなく、子どもの内面のニーズとつながっている作業が、子どもの精神的、身体的領域をさらに高い段階に導いてくれるということでした。

＊訳注13「小さな胎芽」
母親の胎内にいる赤ちゃんの呼び方の一つ。受精後～約２週間を受精卵期とよび、３週目～３ヶ月末までを胎芽期、そして４ヶ月目～出産までを胎児期と呼ぶ。モンテッソーリは自分の学校も、まるで身体の全ての器官が育つ胎芽期と同じように、学校の土台となる部分が最初の「子どもの家」で形成されたと表現している。

＊訳注14「ヘルス・リゾート」
健康に留意した保養所。

第 5 章

適応の意味

この節は一九三二年に開催されたある教師養成コースの中で、モンテッソーリ博士が講義したものをマリオ・M・モンテッソーリ氏が編集したものです。

適応の意味

子どもに課せられた役割の一つは、周りの環境に適応することです。環境への適応は、前向きで（積極的なもので）一番最初に人間がしなければならない必要なことです。なぜなら環境に適応しなければ、人は非社会的になってしまうからです。非行などがそうです。

環境に適応した者だけが、本当に正常[*1]であると言えます。適応とは出発点で、我々が立つ大地のようなものです。

歩くには、まず歩くための大地がなければなりません。歩行を学んだあとは、ジャンプしたり、ダンスしたりもできますが、それでも大地が必要です。子どもは最初に環境に適応し、それからさらに多様な可能性が発達します。

以前にも言いましたように、不適応な人々は非社会的です。私たちはこれを、モンテッソーリ教育法の基本概念として受け入れなければなりません。というのも、環境に適応できるように援助するには、まず環境を熟知しなければなりません。この教育法はその科学的根拠を与えてくれます。

＊訳注1「正常」
モンテッソーリの言う正常とは、一般的に考えられている障がいの有無とは関係なく、個々の人が持つすべての可能性が開花される状態を指す。

通常、適応やその環境を教育の土台にすることはされず、人々は教育の進め方への明確な知識も無く、その教育計画にも科学的な裏付けがありません。自己教育を援助するならば、正確で可視化できるものから始めなければなりません。

最初に気づかねばならないのは、適応とは、そこに存在する全ての生き物と、その環境の間に起こる相互のやり取りの表明です。以前の授業で少し触れましたが、すべての動物と植物はこの方法でその環境に適応したわけで、私たちの学校でもその事実を表現していかねばなりません。

驚かれるかもしれませんが、動物は知らず知らずのうちに環境の中で、ある活動をし、それがその環境の役に立っているということは明確な事実です。これは生命が環境から得られるだけものを捕るという従来の考え方と対照的で、現在の考え方とは非常に異なっています。

さて、どの動物も特徴のある行動をとりますが、それは自己利益のためだけでなく、環境のためにもそのようにすることが分かってきました。それはまるで個々の生物が、調和のある全ての相互関係のための仲立ちをしているかのようです。

ですから、個々の動物はその動物だけが持つ独持の仕事をしなければならないのはその理由からです。全ての動物が同じ役割を持っているわけではありません。ある生物は肉食性のキラーと呼ばれ、あれこれ動物を食べなければならず、これに属する動物は菜食主義にはなれません。彼らの生存と幸福は、例えていえば、彼らが元々決定づけられた生活を送れるかどうかにかかっています。

ある動物は、生肉でなく動物の死骸を食べますが、それも自然からの命令に従順に生きているかどうかだけの問題です。彼らはこれをしなければ苦しみ、なぜならこのように生きることが彼らの生活であり幸福なのです。ある動物にとっての幸せとは、与えられた本能に従って生きることであり、それによって彼らが向かうべき運命や遺伝継承の道を示してくれるのです。

さて、すべての生き物が最良の条件下で生きようとしたと想定しましょう。また、私たち人類もそれをして、全員がたくさんの樹木と水があり、穏やかな温帯性の国に移住したとしましょう。でも直ぐにそこは人々で過密状態になり、住めなくなるでしょう。

あるいは、全ての動物たちも同じように最良の条件はどこかを考え…いいえ、動物はそのようにしないのです。彼らは人間のように自分たちに合った状況を探しに行ったり、最適な条件を見つけたりせず、動物は自然が自分たちを作ったように暮らすのです。

例えば魚たち。彼らは水中で幸せです。もし我々が「かわいそうなお魚。そこから出てきて新鮮な空気と太陽を楽しみなさい！」と言い、魚がその通りにすれば死んでしまうでしょう。

魚にとって最適な条件とは、彼らが生存するために必要な場所です。これは全ての生き物にも言えることとです。

樹木は土の中に根を張らねばならず、もし根を抜いてしまえば、死んでしまいます。どの生物も生きるために見合う条件がありますが、それは割り当てられた彼らの仕事なのです。

豊かに生きることと、割り当てられた役割を担うことは、同一のことなのです。

個々がすべきことを、個々がするということ。それが幸せなのです。

このようにすべての生き物は、遺伝という仕組みによって、環境との間に相互関係を作るある限定された作業に導かれているのです。

これが適応の意味ですが、おわかりですか？

自然はまるで、多様な生物と一般的な環境の間に相互関係があることを見せてくれているようです。つまり個々の種は環境から、生存と幸福に必要なものを見つけ出しますが、同時に生命と幸福は、環境から与えられた特有の役割を果たすことによってのみ得られるのです。ですから適応とは、生命と幸福のために必要な条件を満たすことにあります。

しかし、なぜこのように多様な種が多く存在するのでしょう？　また、ある生き物にとって最良の条件が、なぜ他の生き物にとっては嫌悪感のあるもので、または死までもたらすのでしょう？

すべての生き物の行動を見ると非常に興味深いことが分かります。もし生命と幸福のために懸命に努力することを「仕事」と呼ぶことにすれば、個々は自分のためだけに「仕事」をするのではなく、ある種のバランスと秩序のために「仕事」をします。

それぞれの群れの仲間たちは、自然という壮大なコンサートの中で、より良き音のハーモニーを保つために、各パートに励んでいるとも言えます。

自然界には秩序と調和があります。これらを維持するには、個々のグループがそれぞれの仕事を、それぞれの場所ですることです。そのことでのみ保たれます。

もし個々のグループがそれをしなければ、そこには秩序は存在しないでしょう。個々が同じ嗜好を持っていたとしましょう。そうすると、まるで群衆一同がサーカスに行き、皆が一番良い席を取ろうと争奪戦になるようなものです。これが古い適応の考え方です。

現代の考え方では「適者生存」[*2]といい、遺伝による環境への適応は、これは皆がサーカスに行って、めいめいがチケットを買うようなものです。そのチケットとは、一番良い席でもあり、貧しい人のための席でもあります。少なくとも皆がチケットを持ち、それに見合った席をそれぞれが探すのです。そこには接客係がお手伝いのためにいます。彼らの援助とはそれぞれが正しい場所を探す助けです。これが秩序であり、私が述べているような教育に関わる教育者たちの仕事です。

＊訳注2「適者生存」
イギリスの哲学者、ハーバート・スペンサー（Herbert Spencer 一八二〇―一九〇三年）による自然淘汰の考え方。外界の状態に適合する生物は繁栄し、そうでないものは自然に絶滅するというもので英語で"The Survival of the fittest"と呼ばれる。

しかし、教育という教材や、社会的・精神的環境が影響を与える領域の話にいく前に、また個々の教育者や生徒の心身面の有り様という教育に大きな影響を及ぼすものに進む前に、少しここで立ち止まってみましょう。

まず、自然が何を表現しているのか見てみましょう。

自然界にある秩序の意味が理解できれば、不思議な事実ですが、すべての生き物は自分たちだけのためでなく、環境にも貢献していることがわかるでしょう。

例えばコガネムシ[*3]や、他の清掃動物[*4]は、土を掃き清めてくれます。彼らがいなければ、どれだけ汚ないままだったでしょう。そして死骸を食べる他の動物にも同じことが言えます。

樹木は空気中から二酸化炭素という動物にとっては毒のようなものを取り込み、お返しに身体の廃棄物であり、すべての動物に不可欠な酸素を与えてくれます。それによって空気はきれいに保たれます。もし樹木がこれをしなければ、ほとんどの動物は死んでしまうでしょう。樹木にとって二酸化炭素は必要なものですが、同時に酸素を吐き出し、二酸化炭素は自分の中に留めておきながら、他の生き物の基本的生命も守っているのです。

＊訳注3「コガネムシ」
dung beetle, chafer
糞を食し、糞の中で育つコガネムシの総称。糞玉をこしらえる種もいる。

＊訳注4「清掃動物」
scavenger
ハゲタカやアリなど腐肉を食べる動物や昆虫のこと。

自然界は、このような美しい準備をしてくれています。つまり自分の生命や幸せを保持しながらも、同時に環境保全やその改善のために貢献しているのです。

自然は、人間のように道徳的であったり精神的であったりはしません。道徳観や精神性は、純粋に人間特有の概念です。進化の歴史で、何か自分より崇高な存在のためにする自然の摂理を垣間見ることができます。人類が頂いた贈り物の恩恵を十分に役立てているかどうかは別です。これはまだ先のことでしょう。

進化は、生命の歴史の中でゆっくりとした工程で行われます。一方で教育、つまり私が述べているような教育は、人類が運命づけられた崇高な役割にたどり着くための要素に十分なり得ます。

さて、人間の道徳観や精神性から離れて、太古の昔の「調和」と「秩序」に戻ってみましょう。もし草食動物が自然に倍増すれば、増殖し過ぎて、その結果彼らには十分な餌が無くなり、その結果、他の動物を食べる肉食動物が出てくるのです。これらが余剰の動物を食べてくれるので、それによってバランスが保たれるのです。

もし、これらの自然界の媒介者が自分の作業を怠ると、大惨事が起こるでしょう。例えば、オーストラリアに連れてこられたヒラウチワサボテン[*5]やアナウサギの例があります。オーストラリアには彼らの天敵がいないのです。また、イナゴも、その数を制限する天敵が無く、生態系のバランスが崩れると、その結果、異常なまでにイナゴの大群が増えてしまいました。

私たちは生命と環境の関係を学ばなくてはなりません。自然界ではすべてのものが関係し合っています。これが自然のやり方なのです。自然は個々の生命が存続するかどうかより全体の調和や建設計画に関わっているのです。すべてのものが計画に組み込まれていて、風や岩、大地、水、植物、人間もです。これは人間の哲学ではありません。自然の哲学という事実で、それが皆によって可視化され、分かりやすく、私たちの学校の七―八歳の子どもたちにも十分わかりやすくなっています。

この年齢の子どもに哲学がわかるでしょうか？　意識レベルでは無理でしょうが、しかし、この段階での印象づけは、後に理解するための準備となるでしょう。自然界の計画に基いた、現実的な事実に沿った印象を与えることは、教育が進むべき道を示唆していると言えます。つまりその年齢の可能性を援助し、導くのです。確かに、野菜、動物、すべての植物、高等動物、下等動物、

＊訳注5「ヒラウチワサボテンの例」
prickly pear
サボテンの一種。食用。十九世紀に海外からオーストラリアに持ち込まれた植物や動物が異常繁殖し、元々いた在来種を根絶させてしまったという話。

昆虫などすべてが、宇宙的使命を持っているのは素晴らしいことです。

すべては、この環境にある秩序の媒介者であり、維持者であり、そして保証人です。もちろん彼らは、このことを意識していません。彼らの仕事は他者のためだけに生きる利他的でもなく、知的でもありません。

木々はこんなことを言いません。

「僕らは地球上に住むすべての動物の恩人で、僕らが空気中から毒を取り去り、彼らにとって役に立つものを差し出しているから感謝されるべきだ」と。

死骸を食べる動物も言いません。

「僕がどれほどの犠牲を払っているか見て。キミのためにくさい臭いのする酷い物を食べ、キミの邪魔にならないように処理しているのさ。僕は何という恩恵を施しているのだろう！」などとは…。

それぞれに自分を環境への適応に導く行動を促す指示者（ガイド）という本能があります。それぞれが自己本能を満たしたいと願っています。

つまり、他の生き物を食べる獰猛な動物の本能、また樹上に住む動物の本能、果物を食す、あるいは花に行く昆虫の本能です。連鎖の後ろの方の生物は、一番幸せで、最も洗練され、豪華な色の環境の中で香りと蜜の歓喜に住んでいると考えてしまいがちです。

しかし彼らは他より特別に洗練されたり、上品であったりするわけでもありません。大事なことは、それぞれがそれぞれのために準備された任務を、よくこなすということです。

蝶は、花の中から自分の糧をもらい、一つの植物から他へと花粉を運ぶという大事な仕事によって、地球上に多くの植物や花をもたらします。蝶は、これが自分の宇宙的使命、重要な役割だと知りません。

蜜をもらう蜂も、私たちに蜂蜜を与えてくれます。蜂もこの行為が植物の生命を存続させていることを知りません。ただ単純に本能に従っているだけです。

ほとんどの人間は、動物は自分の生活だけを楽しみ、自己中心的だと思っていますが、我々は、彼らを自然の調和に従順な媒介者だと理解しています。それを見ることができる目を持つ人にとって、この生命の持つ意識的、そして無意識的な両面は、非常に美しい光景です。

人間にもこのような二つの側面があります。

人間にはこの地球上で非常に大きな任務があることは励みになりますが、人間はそれを未だ理解していません。

少し人類について考えてみましょう。人間は、遺伝によってある事だけをするように限定されていません。そればかりでなく、遺伝によって、ある地理的に限られた場所にだけ適応することもしません。人間は何でも出来、どこへでも行けるのです。

人間にとって自由は、元々与えられているものです。なぜならある任務、ある場所に制限され、服従するようにはなっていないからです。人類は、どんな場所でも、どんな仕事にも適応できるのです。これは過去もそうであったように、現在もそうであります。そして、他にも大切なことがあります。

適応の過程で、人間は変化し続けてきました。もし人間が、穏やかな田舎暮らしにだけ適応していれば、ニューヨークのような街を築き、そこに住まうことはできなかったでしょう。人間は環境を変え、それを頻繁にできたのです。

文明の過程で、変化が起きた事はどれだけ素晴らしいことだったでしょう。

人間は何でもできる可能性を持っていますが、何をすべきかや、どこに住むべきかを指示してくれる遺伝子は持っていません。これによって人間は、遺伝では得られなかった適応を、自分自身でしなければならないということが明確になってきました。彼は自分で適応の準備をしなければなりません。これが人間と動物の大きな違いです。

人類が地球上に、どれほど広がったか見てください。北極、砂漠、平原、山岳、海などいたる場所です。

現在は、成層圏にまで前進しています。これは全て、人間の喜びのためだけでしょうか、それとも任務でしょうか？

今日の進歩的な地学や生態学の本によると、人間は変容可能であるとしています。歴史を綿密に調べると、他の生き物は環境を保全するのに対して、人間と環境の関係はもっと複雑です。人間の任務は、地球の変容のようです。

ある科学者が言いました。

「人類が地球に現れてから、地球は変化し、植物はさらに美しくなり、地球はもっと生産できるようになり、人類が歩いた所はさらなる美しさをもたらした。」

この人間の目的は、まるで花嫁を迎えるために家を準備している新郎のようです。彼は家を美しくするために、家具やカーテンなど、入手できる限りのことをするのです。

このような方向で人間をとらえなければなりません。
人間は樹木、植物や動物も変えました。人間の力は神の力のようではなく、限られていますが、しかし人間が成し遂げたことを見てください。

人間は動物を飼い慣らし、変えました。人間は彼らに異なる条件を与え、彼らの遺伝を少し変えました。また人間は土も変えました。彼は森に木を植えました。これらの作業は、手を使ってされました。

環境を変えるには、少なくとも過去には、人間は基本的に両手を使って作業しました。これは人類の宇宙的使命のような気がします。人間はすべてのことを変革しなければなりません。一度に全部ではなく、何千年もかけて、一つずつ変えて行きました。人間は自分の仕事をしながら質を向上させ、進歩した文明も広がって行きました。人間は自然界にあるもの全てを取り込み、それをより高い次元のスーパーネイチャー（Super Nature）にまで引き上げたのです。
これが任務の全ての工程です。これは遺伝によってはできません。なぜなら
そこにはいつもしなければならない、未経験の新しい仕事があるからです。

人間の偉大な力は、環境の中の、どの場所にも適応でき、そこを変えていけることです。この理由で、生まれてくる全ての人間は、新たに人格を変えて、まわりの環境に適応しなければならないのです。遺伝による適応がないので、個々の人間は、そこに見合うように自分を変えていかなければならないのです。

赤ちゃんは生まれた時、属するグループの行動様式を未だ身につけておらず、自分で創造し、自分で準備しなければならないのです。彼は周りの言語、習慣、道具の使い方も学ばなければなりません。

つまり、自分を発達させながら、無意識のうちに自分の環境に適応しているのです。教育という目的で子どもの傾向性を理解するには、我々は人間とその環境との相互関係や、どのように人がそこに適応したのかも見極めなければなりません。

＊訳注6「Super Nature」
モンテッソーリ教育の中でも、特にエレメンタリー（小学校教育）でよく使われる概念。Nature は自然界を表すが、Super Nature はその自然が与えてくれた資源や恩恵（木材、鉱物などの原料）を使って人類が作りだした多種多様な物全般を指す。

MEMO

第 6 章

道徳と社会教育

道徳と社会教育

道徳に関する問いは、自由に関する問いと同じように、わかりにくさがあります。何よりも道徳は通常、時代背景や生活状況によって変わると考えられ、教育の中に道徳を見つけ出すのは難しいとされています。

昨今では、道徳や宗教について語るのは古めかしく、時代遅れだと思われているようです。事実、最近では、大人の意見を尊重するために、子どもたちには何の意見も言わせてはならないとまで言われています。大人の感情を尊重するために、子どもたちにとってなくてはならない機会を奪ってしまうとはなんと不可思議で非論理的なのでしょう。

子どもこそが、私たちに、この道徳的な問いを理解させてくれる、素晴らしい援助者であると私は確信しています。子どもと大人の生活は異なる二つのものですが、それぞれが助け合えると思うのです。子どもが見せてくれたことを基盤に、疑いなしに、道徳を社会生活と繋げることができます。道徳の意味は、私たちと他人との関係であり、他人との生活にどう適応するかであります。ですから道徳と社会性は、とても親密につながっているのです。

今は、もう、私たちの方法論が、個人の発達と、その人格の発達にあることを、繰り返し言わなくてもいいと思います。この観点から人々はよく、私たちのメソードに社会教育が足りないと言います。なぜならよく言われるように、個人を尊重すれば社会を考えないことになり、その逆もあると言うのです。ですから彼らはこう言います。

「もしこのメソッドが個別的であればあるほど、社会性を育てていない」と言うのです。

しかし真実はこうです。

人は社会の外で個人を育てることは出来ず、また本当の社会は、個々の人々無しでは形成できないということです。人格の形成は年齢によって異なり、道徳教育も同じように発達によってやり方を考慮しなければなりません。

自然界における動物同士のつながりは、個々の動物によって形成されます。例えば蜂。または蟻について考えてみましょう。

異なる個別の役割があるという、「個」によって彼らの社会は形成されます。

蜂や蟻の例を挙げたのは、これらの昆虫には存在するために本能があり、生物学者やメーテルリンク[*1]が言った「社会的本能」があるからです。

さて、これらの「個」の一つが、後に社会の部分となるのですが、成長し、社会的本能もその中で発達していきます。このように、個と社会の間には対立が無く、それぞれが強くつながり、互いに依存しあっているのです。

もし異なる個が共通の目的を持ち、社会の中で調和的に暮らすとすれば、ここに道徳と呼ばれるルールが必要です。ですから私たちは道徳を共通の目的に向かう、共同生活に適応するための一つの形と捉えることができます。道徳は抽象的に考えられますが、我々はこれを調和の取れた暮らしを共に営むための手法、と捉えたいと思います。この手法がなければ生活は不可能なので、道徳は必須だと考えられます。このいい方はあまり道徳を高尚なものと捉えていないように聞こえるかもしれませんが、実は道徳はとても実用的なものです。

道徳を、活動中の細胞と細胞の間にある組織だと例えてみましょう。

一個の道徳的細胞体は、接続組織なしには構築できません。これはある小さな子どもが我々にシンプルな方法で見せてくれたことで、我々を導くガイドのような役割があります。

道徳は今まで、大人にのみ応用される抽象的なことだと考えられ、子どもた

＊訳注1「メーテルリンク」

Maeterlinck

（モーリス・メーテルリンク（一八六二―一九四九年））。ベルギーの詩人、劇作家。

一九一一年、モーリス・メーテルリンクはノーベル文学賞を受賞した。ノーベル賞のウェブサイトには受賞スピーチが掲載されている。(http://www.nobel.se/index.html)

引用：一九〇〇年に"La Vie des abeilles"「蜜蜂の生活」を発表し大きな反響があった。熱心な養蜂家であったメーテルリンクは蜂の生態に詳しかったが、科学的な学術論文を書こうとはしなかった。この本は抽象的な自然史ではなく、豊潤な詩的作品であり、彼の深い思考が反映されたもので、無能力であることを宣言したようなものである。蜂には不思議な協力関係があるのではとか、仕事の分配があるのではとか、社会生活が理性的な考え方の結果であるのかと問う事自体が、無駄だと言っているかのようだ。この問いは我々の無知を表しているのだから、

ちとは無関係のことでした。一方、私たちは道徳を生活の一部として捉え、成長過程の子どもを通して学習できるものと思っています。確かにこれは異なる段階のある生活の一部であり、子どもが通過する発達段階に沿っていくと、道徳の異なる段階が現れました。子どもがこれをどう見せてくれたかは興味深いもので、子どもが我々に与えてくれた貢献の一つです。

個々の事象に移る前に、まず子どもが見せてくれた法則を明確にお伝えしたいと思います。まず私たちは、子どもの「naughtiness」[*3]と呼ばれる現象が、自然に無くなるのを観察しました。

子どもの持つ不道徳さには大人のそれとは異なる数や種類があることも知っています。

嘘つきや無秩序、不服従さ、怠慢、などは子どもの不道徳の姿であり、私たち大人はこれらの欠点を矯正したいのです。また、子どもに友達や動物への優しさなどを教えたいのです。これらが、子どもたちへ与えたい道徳的な援助です。

大人社会を変革しようと思えば、子どもたちから始め、彼らに愛と平和、兄弟姉妹愛を教えなければなりません。今日ではこの必要性は高く、さらに、道

「本能」か「知性」か、といったどちらの言葉が使われようと関係ない。蜂にある本能は、宇宙的なもので、普遍的な精神が流出したものなのかもしれない。直ぐに頭に浮かぶのはウェルギリウス[*2]の永遠の蜂の描写で、その中で思想家は、神聖なる人、神聖な思考、神聖な精神に宿ると言ってる。

＊訳注2「ウェルギリウス」
紀元前七〇～一九年のローマの詩人で「農耕詩」の中に養蜂に関する神話を書いている。

＊訳注3「naughtiness」
下品さ、行儀の悪さ、腕白さなどの子どもが持つとされる負の特徴の一面。

徳教育がこれに対応すべきだと考えられています。

社会の希望はここにあります。しかし、我々はこれをよく注意して見なければなりません。なぜなら、ある規則を教えることで、世界は良くなると信じていること自体が幻想だからです（皆が同じ一つの言語を話せば、平和になると考えていた人のようです）。

我々が歩むこの道には困難が待ち受け、実践を通して教えてくれる誰かを探さなければなりません。この「誰か」は、子どもです。

子どもは、社会の起源を教えてくれ、複雑な課題からの出口を見せてくれるでしょう。私たちの役割は子どもが本当の姿を現せるよう子どもを助けることです。

援助を拒む子どもたち

これらの経験から至った法則は、非常に興味深いものです。

その一つは、可能な限り子どもは他人、特に大人からの手助けから自由になりたがっているということです。

そして自立を獲得するのに、子どもは自己自身で努力をします。つまり、自分で機能的に動こうとします。もしこの自立が得られなければ、子どもは個人として存在できないのです――つまり、「個」である特徴は、自分で機能的に生きられることなのです。

自立を獲得すると、子どもと大人の関係は変化します。子どもはより穏やかで、愛らしくなることでしょう。抑圧（大人からの心理的示唆）から解放され、大人への反感が消えていきます。このことからも分かるように、大人と子どもの調和ある関係は、互いを愛することだけでは得られないのです。むしろ、子どもと大人の相互理解と愛は、子どもが自立獲得できたかどうかによるのです。

我々が準備した環境に、子どもたちが入ってきた時から、他の子どもたちとの社会的まじわりが始まります。そしてすぐに問題が発生します。つまり一つの閉鎖された環境で、一体どうやって個々の子どもが、自分の望む方法で行動しながらも、自由になれるのかが課題となってきます。他の子どもたちとの社会生活が直ぐに始まります。共に生活することが社会体験です。また、この社会体験は一日中、続きます。ある人はこう思うかも知れません。子どもは直ぐに喧嘩を始めるだろうと。でも、違うのです。子どもたちは自己解決するのです。

つまり、子どもは、自分自身が何かに意欲的に取り組んでいる間は、他の子どもたちも意欲的に何かに取り組むのを自由にしておけるということです。他人の仕事を尊重できるのです。つまりこれでわかるのは、子どもたちの興味とは、何かに意欲的に取り組むことなのです。

また不思議なことに、作業中に困っている子どもを、他の子どもたちは直ぐには手伝わないのです。これは「子どもたちは相互援助を学ぶべきだ」と考える教師には、好ましくないように聞こえるかも知れません。子どもは、他の子が努力している部分が見えるので手伝わないのです。しかし何か本当に予期せぬ面倒なことが起こり、手助けが必要な時には、子どもは直ぐに立ち上がり助けに行きます。そんなとき、どんなに大事な仕事をしていようが、全てを投げ打って助けようと駆けつけるのです。これは私たち大人の人間関係とかなり異なります。

私たち大人は、援助を必要としない人々を、手伝おうとするのです。でも本当に手助けが必要な人がいて、自己犠牲が必要な時には、逃げ出す方法を直ぐに探すのです。

この、共に生きるという体験や努力は、たゆまなく、非常に重要なものです。これは個人レベルと社会レベルの両面の進歩のために重要であるので、継続的な社会経験の視点で見なければなりません。

やさしい感情は、穏やかな状態、通常の機能をしている時に現れます。こんな時、洗練された純粋な愛や、哀れみの感情が、現れるのも見えるでしょう。

ここで、大人と子どもに現れるこれらの感情の違いを具体例を使って説明したいと思います。

それはオランダの学校で起こりました。その学校で小さなヤギを飼っていて、まだミルクを飲ませていましたが、草も食べられたのです。私はそのヤギに草を与えたのですが、少しづつ高くして、どのくらいヤギが背伸びできるか試していました。

そこに小さな子どもが真剣な顔つきで後ろからやってきて、ヤギが草を食べやすいようにヤギの足を支えたのです。

これによって、私たち大人は、いかに正しくないことを無意識にやっているかがわかったのです。子どもたちとの生活は、このような継続的な学びのレッスンの機会でもあります。私がやったように、大人は悪気があってするのではありませんが、子どもたちは発達の渦中にあり、もっと細やかな感性が育ちつつあることがわかりました。

この経験から、子どもを手伝うときには、何を与えることが必要かを知ることができます。それは、自立の機会、そして共に生きる機会、そして社会生活の機会を与えることです。

より高い困難性を求める子どもたち

また明らかになってきたことは、子どもは常に難しい方を選ぶということです。これは我々は考えたことも無かったことです。子どもがこんな努力をしてまで、自分ですべてをやろうとしているとは考えたこともありませんでした。親切な誰かがすべての世話をやってくれて、何も自分ですることが無い生活より楽なことがあるでしょうか？　子どもが徐々に、手助けを拒むなんて、誰が想像したでしょう。我々が難しいと思う細い道を、子どもは敢えて選ぶのです。そうです、この小さい人は細くて、まっすぐで、しっかりとした道を歩むのです。

ですからその年齢にふさわしくないくらい、困難な作業を懸命にする子どもの姿を目にします。こちらの誰かが観察[*4]でこう言ったと思います。

ある人が子どもにテーブルからスプーンを取って渡したら、その子どもはそれを元に戻し、再度自分で取ったそうです。

わかってきたことは、個々が発達するために必要なものは、自己努力、自己練習、そして他人に依存しないことです。この自立は、自己努力によってのみ得られます。自由や解放は、自己努力の結果、獲得される独立心のことです。これは自己形成であり、成長であり、長い体験によってのみ獲得されることは明確です。これは人格の“Valorization”[*5]であり、自分の価値を見出すことです。多くの心理学者が言うように、これ無しでは、子どもは自分自身の価値を、愛された時のみ感じるようになってしまいます。“Valorization”は独立心があり、自分の行動を理解していて、行動の仕方を知っています。これが土台であり、法則であり、これらの上に精神が宿ります。残りの全てや可愛さなどは、人格のvalorizationに比べると、二次的なものとなります。子どもの人格のvalorizationにとって、社会生活というしっかりとした土台が必要です。

＊訳注4
実習でこれを観察したと言った学生に向かって話している。

＊訳注5「Valorization」
第1章の訳注5、第2章の訳注6参照。

これは幼い子どもたちに言えることですが、さらに大きな子どもたちにも言えることです。これが人が変化する唯一の条件だと言えます。年長児はもう自分で自分のことをするだけでは満足には至りません。七歳の子どもが、自分のコートのボタンをはめたり、テーブルの埃をはらうだけで“valorize”すると思うのは正しくありません。もうそれでは十分ではないのです。過去の社会生活の機会だけでは、もう歳上の子どもたちは満足しないのです。彼らには、もっと幅広い社会生活を与えなければなりません。彼らには最大の努力を払って挑むような機会を与えるべきです。

どの年齢であれ、最大の努力ができるような機会を探さねばならず、活動的な最高の社会生活が必要です。ですから先ほど、七歳は違う種類の社会体験が必要だと言ったのです。七歳までは、体験とは自分が属する小さなお家でのことでした。でも今はもう、そこから出てさらなる挑戦に取り組みたいのです。

全ての土台は人間のエネルギー構築を満足にすることで、残りはうまくいくでしょう。もしエネルギー構築が満足でなければ、「偽の炎」がその人自身を混乱させ、社会生活も混乱するでしょう。

個々の人間の“valorization”は最大限の努力と深いつながりがあります。結果として、子どもは常にさらに努力を必要とする対象へと駆り立てられます。一方、私たちは衝動的に簡単な生活を与えがちです。容易にしてあげることは子どもの不満足を意味し、子どもの発達に多くの欠陥を残すでしょう。彼は障害物を乗り越えたり、もっと難しいことができるのだという感情を持つ必要がありますす。それなのに、大人の本能はこの子どもの発達を達成できないようにしているのです。私たちの頭の中は、助けたり、保護するという思考で支配されているのです。私が意味するのは、子どもが感じる直接的保護のことであり、子どもの発達に必要な社会的保護のことを言っているのではありません。

ボーイスカウト

家庭や学校という枠を超えて、さらなる社会的必要性のある子どもたちにとって、ボーイスカウトという活動は、社会からの答えの一つです。これは子どもに外界に出かけていくチャンスを与えます。八歳の子どものボーイスカウトを見たことがありますが、新品のユニフォームを身に付けていました、あまり嬉しそうではありませんでした。驚いた私は、その子にどうして新しいユニフォームを着ているのに悲しそうなのかを聞きました。すると、「ママが外に行くときも未だついて来て、せっかくのユニフォームも役に立たない」と言ったのです。自分で外に出かけ、知らない人に出会い、その人と何かに挑戦できると気づくことに彼は満足感を感じるのです。

どうすれば自分の社会生活の輪を広げられるのでしょう？　これをするには、その人は何かを学ばなければできないことは確かです。『外に行きたいの？それじゃあ、いくつかのルールを守らなければだめよ。家から出て行きたいの？　じゃあ、シンプルな生活の仕方を学ばなければならないね。』

子どもは自分に必要なものを肩に背負って、人生を歩いて行けることを感じたいのです。もちろん道路も安全に渡りたいと願っています。つまり子どもはより良い生活を送るために必要な、全てのルールに従いたいのです。

同じような方法で道徳や社会性を教えることができます。他人を尊重したり、援助が必要な人を助けること、またどうすれば援助を与えられるようになるかなどです。彼は品位と、自分の年齢への誇り、そしてある道徳の基本を身につけます。社会体験をすることで道徳の基本が身につき、体験しながら生活するのです。

より豊かな関係の中へ

さて、どうしてこれらの活動をスカウト活動の道徳や生活スタイルに限ってしまうのでしょう？　どうしてこの恩恵を活用して、この文化や、精神の向上を子どもの周りの生活に広げていかないのでしょう？　どうしてこのような自立と自律の時期に、自然や人間とは何かということを深く見つめたりさせないのでしょうか。子どもたちを屋外に出し、シンプルな生活の中でこそ気づく自然や崇高な存在、創造主と彼らが出会えるようにするのです。多様な階級の人々に出会い、人々がどのように暮らしているかを見るのです。全ての子どもにある正義という感覚は、このような体験の中で発達して行くのです。

このような土台から精神生活を切り離すことはできません。あまりにも制限され過ぎた狭い人間関係の暮らしからは、離れるべきです。精神生活に至るには、楽な暮らしを手放すことも必要です。強くなることも必要ですし、近隣にいる人々にどういう態度を取るかを理解し、世界の人々がどう暮らしているかを知ることも大切です。そして、我々の精神を果てしなく広げてくれる天空についても熟考することも必要です。信心深い生活は自己反芻させ、他人との交流を促します。この遠近ある二つの生活はつながっています。

繰り返し言いますが、原則や本質は教えることはできません。ある継続した期間を経た生活によってのみ伝えることはできます。もう講演を続ける時間がありませんが、一言だけ言わせてもらえば、子どもたちが大きくなれば、彼らの生活はもっと複雑になることでしょう。この必要性に対して、どうして社会は彼らにスポーツと競技試合しか与えないのでしょう。試合に勝つことだけがどうして誇りを持つことになるのでしょう。どうして精神的に強い個人になるよう援助しないのでしょう？　どうして社会的体験を通して善悪が伝わる競技を始めないのでしょう？　なぜ道徳的に正しい人々をもっと支持しないのでしょう？

おわりに

モンテッソーリ公認シリーズ3巻目となります「子どもから始まる新しい教育」は、オランダにあるAMI本部から出版を許可された次の六冊の小冊子を、AMI友の会NIPPONが翻訳・編集し一冊にまとめたものです。

①「教育の四段階」The Four Planes of Education（一九三八年）イギリスのエジンバラでのモンテッソーリ世界大会での講演録。

②「子ども」The Child（講演日不明）六章からなるこの冊子は、マリオ氏によって選択された可能性がある。

③「教育の再構築」Reconstruction in Education（一九四二年）

④「『子どもらしさ』の二つの側面」（一九三三年九月十五日）第一九回国際モンテッソーリ協会主催のロンドンコースで話された二番目の講義録。（一九六二年）AMIの学術冊子「コミュニケーションズ」に掲載された。

⑤「適応の意味」The Meaning of Adaptation（一九三三年）

⑥「道徳と社会教育」Moral and Social Education（一九三八年）エジンバラでのモンテッソーリ世界大会での講演録。一九八四年、ＡＭＩの「コミュニケーションズ」＃4に発表され、二〇〇四年には、再編集、再掲載された。

モンテッソーリ博士の多くの講義は、教師養成コースで話されたもの以外は講義名も講義日も分からないものもかなり多いのですが、モンテッソーリの死後、子息のマリオ氏が後にタイトルを考えて付けたものもあります。

今回の6冊を選びました背景には、モンテッソーリ博士がどの冊子にも共通して「奇跡のような新しい子どもとの出会い」を熱く語り、それが彼女を変え、この「現象」を再現するための科学的な研究を重ねた結果が、今日のモンテッソーリ・メソッドの体系化につながっていった様子が丁寧に語られているからです。「子どもから始まる教育」というタイトルにも、その過程の意味を反映させて頂きました。

今回、特に明記しておきたいのは、第二章「子ども」と、第三章「教育の再構築」は、四十一年前（一九七六年六月）に兵庫県にある「夙川幼児教育研究会」の六名のお母様方によって翻訳・編集され、「エンデルレ書店」より発行された経緯のあることです。なおその時のタイトルは「こども」と「教育の再建」で、一冊にまとめられておりました。本書は、これらの本の再販ではなく、ＡＭＩから出版許可を得て新たに翻訳したものです。また、トロント在住のレデンプトール会の野田神父様にも聖書の言葉や、ギリシャ神話の詳細説明でご協力を頂きましたことに感謝いたします。

一般社団法人　ＡＭＩ友の会ＮＩＰＰＯＮ
翻訳・出版部　深津高子

国際モンテッソーリ協会（AMI）公認シリーズ

Montessori Education

〈既刊〉

第1巻

『人間の傾向性とモンテッソーリ教育』

普遍的な人間の特質とは何か？

ISBN978-4-88024-538-6

（一三六ページ／1C／A5判／AMI友の会NIPPON訳・監修／二、〇〇〇円＋税）

第2巻

『1946年　ロンドン講義録』

戦後初のモンテッソーリによる講義33

ISBN978-4-907537-02-9

（三三六ページ／1C／A5判／中村勇訳／AMI友の会NIPPON監修／二、九七〇円＋税）

第3巻

『子どもから始まる新しい教育』

モンテッソーリ・メソッド確立の原点

ISBN978-4-907537-08-1

（一四四ページ／1C／A5判／AMI友の会NIPPON訳・監修／二、〇〇〇円＋税）

＜近刊＞

第4巻

『モンテッソーリが訴える永遠の問題』

ISBN978-4-907537-09-8

第5巻

『1949年 サンレモ講義録』

ISBN978-4-907537-10-4

風鳴舎《Fumeisha》 http://fuumeisha.co.jp/

マリア・モンテッソーリ
Maria Montessori
(1870－1952年)

イタリア最初の女性の医師。精神医学、哲学、人類学、心理学など幅広い知識と経験を兼ね備え、鋭敏な観察眼を通して、子どもたちを観るうちに人間にはある共通した「発達の法則」があることを発見した。1907年、ローマのスラム街サンロレンツォ地区に貧しい子どもたちのための「子どもの家」を開設し、そこでの試行錯誤の結果生み出したモンテッソーリのメソッドは瞬く間に世界各地に広まり、100年たった現在も世界中で高い評価を得ている。戦後は平和教育に注目したことからノーベル平和賞に三度ノミネートされる。1952年にオランダにて逝去。―― 幼い子どもは「私たちの未来の希望である」とはモンテッソーリの深く永続する信念である。

翻訳・監修：一般社団法人 AMI 友の会 NIPPON
装丁　　　：須藤康子＋島津デザイン事務所

国際モンテッソーリ協会（AMI）公認シリーズ03
子どもから始まる新しい教育
2017年8月3日　初版第1刷発行
2019年10月25日　初版第2刷発行

著者　マリア・モンテッソーリ
訳・監修　一般社団法人 AMI 友の会 NIPPON
発行所　株式会社風鳴舎
〒171-0021 東京都豊島区西池袋1丁目11-1 メトロポリタンプラザビル14階
（電話03-5963-5266　FAX03-5963-5267）
印刷・製本　奥村印刷株式会社

ISBN978-4-907537-08-1　C3037
Printed in Japan